Geschichte der englischen Rechtsquellen im Grundriſs.

Mit einem Anhang über die normannischen Rechtsquellen.

Von

Heinrich Brunner.

Leipzig,
Verlag von Duncker & Humblot.
1909.

Alle Rechte vorbehalten.

Altenburg
Pierersche Hofbuchdruckerei
Stephan Geibel & Co.

Vorwort.

Die folgende Skizze ist eine Umarbeitung meines Überblicks über die Geschichte der englischen Rechtsquellen, der 1890 in der 5. Auflage von Holtzendorffs Enzyklopädie der Rechtswissenschaft erschienen war. In die 6. Auflage konnte er nicht aufgenommen werden, da es mir unmöglich gewesen wäre, ihn rechtzeitig derart umzugestalten, wie es die Berücksichtigung der inzwischen veröffentlichten Untersuchungen und Quellenausgaben erforderte. Umgearbeitet, ergänzt und ins Englische übersetzt gelangte er in den zweiten Band der Select Essays in Anglo-American Legal History, Boston 1908. Den dieser Publikation zugrunde liegenden deutschen Text, den ich einer abermaligen Revision unterzog, veröffentliche ich auf Wunsch deutscher Freunde und des Verlegers in den nachfolgenden Blättern. Stark umgearbeitet ist der erste Abschnitt, der insbesondere Liebermanns Ausgabe der angelsächsischen Gesetze und dessen neuesten Untersuchungen gerecht werden mußte. Doch haben auch die übrigen Abschnitte Berichtigungen und Ergänzungen erfahren, die hauptsächlich durch die wertvollen Quellenpublikationen der Selden Society veranlaßt worden sind.

Als Anhang habe ich die Übersicht über die normannischen Rechtsquellen beigefügt, die in v. Holtzendorffs Enzyklopädie, 5. Auflage, dem Überblick über die englischen Rechtsquellen vorausgeht. Auch diese ist in Einzelheiten ergänzt worden. Die Beigabe rechtfertigt sich durch den tiefgehenden Einfluß, den das normannische Recht auf die englische Rechtsentwicklung ausgeübt hat.

Berlin, 24. Januar 1909.

Heinrich Brunner.

Inhaltsübersicht.

Seite

Einleitung 1

Erster Abschnitt.
Die angelsächsischen Rechtsquellen.

I. Die Satzungen der Kenter 5
II. Das Gesetzbuch Ines 6
III. Aus der Zeit der Vereinigung der angelsächsischen Reiche:
    1. Das Gesetzbuch Alfreds 6
    2. Alfreds Verträge mit den Dänen 7
    3. Zwei Gesetze Edwards I. 7
    4. Aus der Zeit Aethelstans 7
    5. Edmunds Gesetze 8
    6. Edgars Gesetze 8
    7. Aethelreds Gesetze 8
IV. Erlasse und Gesetzbuch Knuts 9
V. Vereinzelte Satzungen 10
VI. Formeln 11
VII. Juristische Privatarbeiten 11
VIII. Urkunden 12
IX Anglolateinische Rechtsbücher:
    1. Der Quadripartitus 13
    2. Die Leges Henrici 14
    3. Die Instituta Cnuti 15
    4. Consiliatio Cnuti 15
    5. Leges Edwardi Confessoris 15
    6. Constitutiones de foresta 16
Ausgaben und Literatur 17

Zweiter Abschnitt.
Die Quellen des anglonormannischen Rechts.

A. Von Wilhelm I. bis Heinrich II. 19
I. Satzungen Wilhelms I. 21
II. Leis Willelme 21
III. Articuli Willelmi 22
IV. Domesday Book 23
V. Schatzrollen 24
VI. Urkunden 24

	Seite
B. Von Heinrich II. bis 1327	24
I. Statutes	26
II. Gerichtliche Quellen:	
1. Writs	29
2. Records	31
3. Reports	35
III. Die Rotuli Scaccarii	36
IV. Rechtsbücher:	
1. Dialogus de Scaccario	36
2. Glanvillas Traktat	37
3. Bracton	39
4. Fleta	41
5. Gilbert v. Thornton	42
6. Britton	42
7. Hengham	43
8. Fet assaver	43
9. Mirrour a Justices	43
V. Stadtrechtsquellen	44
Literatur	45

Dritter Abschnitt.
Die englischen Rechtsquellen seit dem 14. Jahrhundert bis Blackstone.

I. Statutes	48
II. Gerichtliche Quellen	50
III. Die juristische Literatur:	
1. Fortescue	52
2. Littleton	53
3. Doctor and Student	54
4. Fitzherbert	55
5. Staunforde	55
6. Thomas Smith	55
7. Coke	56
8. Hale, Hawkins, Comyns	57
9. Blackstone	57
Literatur	61

Anhang.
Die Quellen des normannischen Rechts.

I. Die Zeit von 912—1066	62
II. Die Zeit von 1066—1205	63
III. Die Zeit von 1205—1583	66
Literatur	74

Einleitung.

Wenn man das englische Recht vom Standpunkte der germanischen Rechtsgeschichte aus betrachtet, stellt es sich im wesentlichen als ein Tochterrecht des deutschen Rechtes dar. Genau genommen, ist es aus zwei deutschen Tochterrechten erwachsen, von welchen das jüngere das ältere in sich aufgesogen hat.

Die deutschen Stämme, die seit dem 5. Jahrhundert das von den Römern preisgegebene Britannien besiedelten, ingväonische Sachsen, Angeln und jene westgermanischen Jüten (Euten), die man als die Vorfahren der Kenter betrachtet, haben ihr kontinentales Recht in die neue Heimat verpflanzt. Daselbst zum Volke der Angelsachsen erwachsend, haben sie es nicht ohne erhebliche Einwirkung nordgermanischen Rechtes selbständig ausgestaltet und fortgebildet.

Durch die normannische Eroberung wurde England hineingezogen in den Strom der Rechtsentwicklung jener Länder, die einst in der fränkischen Monarchie vereinigt gewesen waren. Ein Tochterrecht des deutschen, und zwar des westfränkischen Rechtes war jenes normannische Recht, das seit 1066 auf englischem Boden feste Wurzeln schlug und das angelsächsische Recht nahezu überwucherte. Trotz der nordischen Abkunft der Normannen hatte es schon damals weit weniger nordgermanische Beimischung aufzuweisen als das angelsächsische Recht der Eroberungszeit.

Vom Einfluß des römischen und des kanonischen Rechtes blieb die englische Rechtsentwicklung in der Hauptsache frei. Kann ein solcher zwar nicht völlig geleugnet werden, so ging er doch niemals weit genug, um in der Geschichte der englischen Rechtsquellen einen Markstein zu bilden, der uns veranlassen könnte, bei deren Periodisierung darauf Rücksicht zu nehmen. Dank der Ablehnung der genannten fremden Rechte gestattet uns das englische Recht, den ureigenen Gedankengang germanischer Rechtslogik noch in Rechtsgebilden zu erkennen, für die sie uns durch die Angewöhnung an romanistische Denkweise völlig abhanden gekommen ist. Manche Rechtssätze und Rechtsinstitute deutsch-rechtlichen Ursprungs hat das englische Recht in schärferer und reinerer Ausprägung bewahrt als unser deutsches Recht, das sie nur in fremdrechtlicher Trübung kennt. Dem deutschen Rechtshistoriker stellt sich noch das englische Recht des vorigen Jahrhunderts als ein reichhaltiges Museum germanistischer Archaismen dar, die, bei uns längst verschollen, auf englischer Erde sich in einem märchenhaften Erstarrungszustande bis an die Schwelle der Gegenwart erhalten haben. Seltsam mutet es uns an, wenn wir feststellen müssen, daß in England der gerichtliche Zweikampf erst 1819, der Eidhelferbeweis 1833, die Friedloslegung in Zivilsachen 1879 beseitigt wurde, daß der Scheinprozeß bis 1833 zur Übereignung von Grundstücken dienen konnte, daß bis 1846 eine Theorie fortlebte, nach welcher Tiere und leblose Gegenstände, die den Tod eines Menschen verschuldeten, dem Fiskus verfielen.

Das englische Recht ist eine Fundgrube nicht bloß für die Erforschung unseres älteren Rechtes, sondern auch für das Verständnis unseres geltenden Rechtes, da wir einzelne Institutionen, die zuerst auf englischem Boden ihre eigenartige Ausbildung erhielten, unmittelbar aus England oder auf dem Umwege über Frankreich rezipiert haben. Das gilt nicht nur für unser Staatsrecht, das z. B. den Gedanken der Repräsentativverfassung englischem Urbilde verdankt, sondern auch für das Prozeßrecht, in welchem die Schwurgerichte auf die englische Urteiljury zurückführen, für das Gesellschaftsrecht — man denke an die Gewerkvereine — und für das Verkehrsrecht, in welchem der Scheck, das right of stoppage in transitu, der Chartervertrag, die Klauseln cif und fob, die Konnossementsformulare deutlich genug den englischen Ursprung verraten.

Die Geschichte der englischen Rechtsquellen gliedert dieser Grundriß in drei Perioden, und demgemäß in drei Abschnitte. Der Schwerpunkt der Darstellung fällt in die zwei ersten Abschnitte, die dem angelsächsischen und dem anglonormannischen Rechte gewidmet sind. Nur eine kursorische Betrachtung soll der Zeit seit Eduard III. zuteil werden, unter dem die gerichtsverfassungsmäßige Spaltung zwischen Equity und Common Law einsetzt. Ihren Abschluß findet diese dritte Periode mit der literarischen Fixierung, die das Common Law durch den Juristen Blackstone erfuhr. Völlig außer Betracht bleibt die Gestaltung des englischen Rechtes in den englischen Kolonien und in den Vereinigten Staaten von Nordamerika.

Erster Abschnitt.
Die angelsächsischen Rechtsquellen.

In der Geschichte des englischen Rechtes nehmen die angelsächsischen Rechtsquellen etwa dieselbe Stellung ein wie in der Geschichte der übrigen westgermanischen Stämme die sogenannten Volksrechte und die sonstigen Rechtsdenkmäler der fränkischen Zeit. Allerdings ist die selbständige Entwicklung des angelsächsischen Rechtes durch die normannische Eroberung abgebrochen, die Geltung des angelsächsischen durch die Herrschaft des anglonormannischen Rechtes abgelöst worden. Allein angelsächsische Rechtsgedanken haben sich wenigstens zum Teil neben den normannischen Neuerungen erhalten und mit ihnen in die geschichtlichen Grundlagen der englischen Staats- und Rechtsverfassung geteilt. Die Bedeutung der angelsächsischen Rechtsquellen beschränkt sich übrigens nicht auf die englische Rechtsgeschichte, sie erstreckt sich auf die Rechtsgeschichte der sämtlichen germanischen Stämme. Während die Westgermanen des Kontinents ihre älteren Rechtsdenkmäler in lateinischer Sprache aufzeichneten und in Deutschland die deutsche Gesetzes- und Urkundensprache erst im dreizehnten Jahrhundert die lateinische zu verdrängen begann, wurden die angelsächsischen Rechtsquellen gleich den nordgermanischen in heimischer Sprache abgefaßt. Der dadurch vermittelte Einblick in die nationale Rechtsterminologie, der Reichtum der angelsächsischen Gesetzgebung in dem halben Jahrtausend von Aethelberht bis auf Wilhelm den Eroberer, der rein deutsche Charakter des Rechts, das vom römischen Rechte fast gar nicht, vom kanonischen nur in geringem Maß beeinflußt wurde, und endlich die ununterbrochene Reihenfolge der Rechtsquellen, welche anderwärts zwischen dem neunten und dreizehnten Jahrhundert eine schwer auszufüllende Lücke aufweisen — alle diese Umstände stellen die angelsächsischen Rechtsdenkmäler in die erste Reihe der Erkenntnisquellen des germanischen Rechtes.

Unter den Quellen des angelsächsischen Rechtes unterscheiden wir Satzungen, unter welchen die Gesetze der angelsächsischen Könige die hervorragendste Rolle spielen, Rechtsformeln, juristische Privatarbeiten und Urkunden.

Allgemeine Satzungen des Rechtes erfolgten auf den Reichsversammlungen [1], auf welchen der König sich mit den Großen des Landes (witan) insbesondere mit den weltlichen und geistlichen Würdenträgern über Aufrechthaltung und Stärkung des Friedens und über Rechtsneuerungen beriet. Wie die deutschen Volksrechte haben auch die Gesetze der Angelsachsen (dómas, gerǽdnessa, ásetnysse) zum Teil neues Recht geschaffen, zum Teil bestehendes Gewohnheitsrecht fixiert. Den Impuls zu den ältesten geschriebenen Satzungen gab die Bekehrung der Angelsachsen zum Christentum.

Die angelsächsischen Rechtsdenkmäler lassen sich in folgender Weise gruppieren:

I. Die Satzungen der **Kenter**, deren Staat in der Zeit der Christianisierung die Vormacht unter den angelsächsischen Reichen bildete. Sie beginnen mit den Dómas des Königs Aethelberht, 90 kurz gefaßten Kapiteln, von teilweise verblüffender Ursprünglichkeit, über Bußen, namentlich Wundbußen, über Wergelder und Familiengüterrecht. Die Abfassung fällt in die Zeit, da Augustinus in England wirkte und zwar in die Jahre 601—604. Dann folgen die Gesetze Hlothære's und Eadric's von 685/6, von jenem erlassen, von diesem bestätigt, hauptsächlich straf- und prozeßrechtlichen Inhalts, und die von König Wihtræd

---

[1] Für diese Versammlungen ist in der rechtshistorischen Literatur die Bezeichnung witena gemót (concilium sapientum) technischer Ausdruck geworden. In den angelsächsischen Gesetzen findet sie sich nirgends, wohl aber in den angelsächsischen Annalen.

695 auf einem Reichstag zu Berstead verkündeten Gesetze betreffend kirchenrechtliche Verhältnisse, Reinigungseid und Diebstahl. Wihtræd's Gesetze verwerteten die Beschlüsse einer kirchlichen Synode von Hertford aus dem Jahre 673; sie enthalten unter anderem Strafsatzungen gegen Götzendienst und Fastenbruch, die vermutlich auf die uns nicht überlieferte, aber bei Beda erwähnte Gesetzgebung Earconberht's (640—664) zurückgehen. Alle kentischen Gesetze sind uns nur in einer jüngeren westsächsischen Umschreibung [1] überliefert, welche die Spuren der kentischen Mundart des ursprünglichen Textes nicht vollständig getilgt hat.

II. Das Gesetzbuch **Ine's**, Königs der Westsachsen, aus der Zeit von 688—695. Laut dem Prolog ist Ines Gesetzbuch das Ergebnis von Beratungen, die der König mit den Witan seines Volkes pflog über das Heil der Seelen und über den Zustand des Reiches, auf daß richtiges Volksrecht (ǽw) und rechte Königssatzungen (cynedómas) befestigt und gesichert würden. Die kirchenrechtlichen Vorschriften stehen zumeist voran. Vor den kentischen zeichnen sich Ines Gesetze durch ihre freiere Diktion, größere Fülle des Wortschatzes und des Inhalts und durch ihren erheblicheren Umfang aus. Der Umstand, daß Wessex nachmals caput regni et legum wurde [2], erklärt die Berücksichtigung, die Ines Gesetze in der jüngeren Gesetzgebung fanden. Sie sind uns nicht in der ursprünglichen Gestalt, sondern nur in gekürzter und sprachlich modernisierter Fassung und zwar als ein Anhang zu dem Gesetzbuch Alfreds überliefert.

III. Aus der **Zeit der Vereinigung der angelsächsischen Reiche** stammen:
1. Das Gesetzbuch Alfreds (871—900), wahrscheinlich aus dem Ende seiner Regierung, als er nach langjährigen Kämpfen mit den Dänen an die Wiederbefestigung

---

[1] Im Textus Roffensis, der zirka 1120 bis 1145 geschrieben wurde und für die kentischen Rechtsquellen auf eine etwa 1000 entstandene Rezension zurückgeht. Siehe Liebermann, Notes on the Textus Roffensis 1898.

[2] Leges Henrici c. 70, 1.

der zerrütteten Rechtszustände denken konnte. Dem eigentlichen Gesetzbuch geht eine aus der Bibel (Exodus und Actus apostolorum) entlehnte, durch etliche Zusätze Alfreds ergänzte Einleitung in 49 Kapiteln voraus. In ihrem Schlußkapitel erklärt Alfred, daß er in seinem Gesetzbuche die Gesetze Ines, Offas von Mercien[1] und Aethelberhts von Kent, so weit sie ihm richtig erschienen, zusammengestellt, soweit sie ihm nicht gefielen, hinweggelassen habe. Alfreds Gesetzbuch will gemeines Recht seines Reiches schaffen, das auch Kent und einen Teil Merciens umfaßte. Als Beilage für Westsachsen wurde das oben unter II erwähnte Gesetzbuch Ines anhangsweise veröffentlicht, dessen Rechtssätze zum Teil Alfreds eigenen Gesetzen widersprechen. In jüngeren Gesetzen wird Alfred-Ine mehrfach als Dómbók schlechtweg zitiert. Das überlieferte Rubrikenverzeichnis entstand spätestens um das Jahr 940.

2. Alfreds Verträge mit den Dänen von Ostanglien. Ein Vertrag Alfreds mit König Guthrum von Ostanglien aus den Jahren 880—890 enthält Vorschriften über Wergeld, Eid, Gewährschaft und Handelsverkehr. Eine zweite Vereinbarung mit Guthrum, die hauptsächlich kirchliche Verhältnisse und Gebote betrifft, ist uns, wenn anders die Nennung Alfreds im Prolog richtig ist, jedenfalls nicht in der ursprünglichen Form, sondern nur in der abgeänderten Fassung überliefert, in der sie von Edward I. nach dem Erwerb von Guthrums Gebiet 921 oder vielleicht etwas später bestätigt und erneuert worden ist.

3. Zwei Gesetze Edwards I. Das ältere aus der Zeit von 900—924 handelt von Kauf, Anefang, Immobiliarprozeß und Meineid. Das jüngere wurde 924/5 in Exeter zur Besserung der öffentlichen Sicherheit erlassen.

4. Aus der Zeit der Regierung Aethelstans (925 bis 940) stammen dessen Verordnung über die Zehnten, dessen Almosenverordnung, die Reichstagsbeschlüsse von Greatley, das bedeutendste von Aethelstans Gesetzen, und

---
[1] Leider ist es unmöglich, sie als solche aus Alfreds Gesetzbuch herauszuschälen.

die Beschlüsse von Exeter (927—937), ferner eine Proklamation der geistlichen und weltlichen Großen und des Volkes von Kent über die Handhabung des Friedens (928 bis c. 938), die Beschlüsse von Thundersfield (von etwa 929 bis etwa 939) und endlich die sogenannten Judicia civitatis Lundoniae von zirka 929 bis 939, eine amtliche Rechtsaufzeichnung, in welcher drei verschiedenartige Bestandteile miteinander verbunden sind, nämlich ein Landfriedensbund der Londoner Bürger mit den durch ihre Untertanen dem Londoner Gerichtsbezirk zugehörigen Bischöfen und Gerefen, das örtliche Statut der Londoner Friedensgilde (ferscipe, Gefährtschaft), bedeutsam als das älteste der erhaltenen germanischen Gildestatuten, und eine Zusammenstellung königlicher Satzungen, mit welcher das unter Aethelstans Gesetzen überlieferte, weil von ihm genehmigte Rechtsdenkmal abschließt [1].

5. Edmunds Gesetze von 940—946 und zwar a. die Beschlüsse einer von ihm berufenen Londoner Synode, b. ein Gesetz über Todschlagssühne und Beilegung der Fehde und c. die Beschlüsse von Culinton über Maßregeln gegen Diebe.

6. Edgars Gesetze, unter welche eine Verordnung über das Hundertschaftsgericht (Hundredgemót) mit Wahrscheinlichkeit, die Reichsschlüsse von Andover (959 bis zirka 962) und von „Wihtbordesstan" (962—3) mit Sicherheit zu zählen sind.

7. Aethelreds Gesetze, mit welchen die Reihe der von nationalen Herrschern erlassenen Gesetze abschließt. Unter ihnen sind hervorzuheben die Reichsschlüsse von Woodstock (980—1013), von Wantage (981—1012), von London (991 bis 1002), ein umfangreiches zu „Eanham" (vermutlich King's Enham) erlassenes Gesetz von 1008, hauptsächlich kirchlichen und religiösen Inhalts, ferner ein Reichsschluß von Bath (992 bis 1011) und eine Konstitution von 1014 über den Sonderfrieden der Kirchen und die Rechtsstellung des Klerus, endlich ein Friedensvertrag mit Olaf Tryggvason von 991, betreffend den von den Nordleuten erkauften Frieden.

---

[1] Liebermann, Einleitung zum Statut der Londoner Friedensgilde unter Aethelstan, Mélanges Fitting 1908. Aus der älteren Literatur vergl. Karl Hegel, Städte und Gilden 1891, S. 24 ff.

In der Geschichte der angelsächsischen Gesetzgebung bezeichnet die Wende des 9. und 10. Jahrhunderts einen bemerkenswerten Abschnitt. Auf die älteren Satzungen übten die Anschauungen der Kirche einen maßgebenden Einfluß aus. Er äußert sich gleichmäßig in den verschiedenen Teilreichen, wie denn auch das angelsächsische Kirchenrecht sich schon im 7. Jahrhundert auf ganz England erstreckte. Er zeigt sich unter anderem in der Einschränkung der Todesstrafen und in der damit zusammenhängenden Ausdehnung des Bußsystems (vgl. Alfred, Einleitung c. 49, § 7), in der Anwendung der Strafknechtschaft, in der Verschlechterung der Rechtsstellung der unehelichen Kinder und in der Gestaltung des Beweisrechtes, dem der Zweikampf fehlt, während das Loosordal unterdrückt wurde, und der Kesselfang nur sehr vereinzelt auftaucht. Eine Wandelung beginnt mit dem Ausgang des neunten Jahrhunderts. Aus dem fränkischen Rechte werden fränkische Ordalien und fränkische Ordalienliturgie aufgenommen. Lebens- und Leibesstrafen gewinnen zugunsten schärferer Handhabung des Landfriedens breiteren Raum. Zudem machen sich bedeutsame nordische Einflüsse in der angelsächsischen Gesetzgebung geltend. Diese nimmt einerseits Rücksicht auf die „Danelag", das Gebiet des Rechtes der Dänen und anderen Nordleute, die sich in England festgesetzt hatten. Andererseits nisten sich in das angelsächsische Recht nordische Rechtsanschauungen und zahlreiche nordische Rechtsausdrücke ein.

IV. **Erlasse und Gesetzbuch Knuts.** Von König Knut sind uns zwei einzelne Verordnungen überliefert, eine Verordnung von 1020, die das Volk ermahnt geistliches und weltliches Recht zu beachten und für dieses auf die Anerkennung von Edgars Rechtsverfassung (Eadgares lage) Bezug nimmt, wie sie 1018 auf einem Reichstag zu Oxford durch Engländer und Dänen erfolgt ist. Der zweite Erlaß (nur in lateinischer Übersetzung erhalten) ist ein Manifest Knuts von 1027, worin er nach seiner Romfahrt die mit Kaiser Konrad II., mit König Rudolf von Burgund und mit dem Papste getroffenen Vereinbarungen verkündigt und zur

Zahlung des Peterspfennigs und der den Kirchen schuldigen Leistungen auffordert. Zwischen Weihnachten 1027 und 1034[1] promulgierte Knut zu Winchester ein umfangreiches Gesetzbuch, das in zwei Abteilungen zerfällt, von welchen die erste kirchliche, die zweite weltliche Satzungen (woruldcunde gerædnysse) enthält. Der Inhalt ist zum größeren Teile älteren angelsächsischen Gesetzen von Ine bis Aethelred, zum Teil auch kentischen Gesetzen entlehnt. Bis in die Mitte des zwölften Jahrhunderts galt Knuts Gesetzgebung, die nicht weniger als drei selbständige Übertragungen in das Lateinische erfuhr, als das eigentliche Evangelium des angelsächsischen Rechtes, um dann in dieser Rolle durch die mythische Laga Edwardi abgelöst zu werden.

V. Aus dem zehnten und elften Jahrhundert sind uns **vereinzelte Gesetze** ohne Königsnamen oder Bruchstücke von solchen überliefert und **Rechtsdenkmäler**, von welchen es streitig und zweifelhaft ist, ob sie als Satzungen oder als Weistümer oder als private Rechtsaufzeichnungen anzusehen sind. Hervorzuheben ist die Satzung über das Recht der „Dunsaete", etwa 935 auf einem angelsächsischen Reichstag unter Mitwirkung von Wallisischen Großen (Wealhþéode rædboran) zustande gekommen[2]. Sie war für eine Grenzlandschaft, das Land der Dunsäten bestimmt, die uns sonst nirgends genannt werden und wahrscheinlich in Herefordshire zu suchen sind; sie bezweckte die Rechtsbeziehungen zwischen den durch einen Fluß (die Wye?) getrennten Dunsäten kymrischen und englischen Stammes zu einander zu regeln, insbesondere für Spurfolge, Anefang, Wergeld, Rechtsgang und internationale Jurisdiktion. Noch dem zehnten Jahrhundert scheinen anonyme Satzungen anzugehören, welche das Ver-

---

[1] Über die Datierung siehe Liebermann, Wulfstan und Knut, im Archiv für das Studium der neueren Sprachen und Literaturen 103, S. 53.

[2] Liebermann, Die angelsächsische Verordnung über die Dunsaete im Archiv für das Studium der neueren Sprachen und Literaturen 102, S. 267 ff.

fahren bei den Ordalien des Handeisens und des Kesselfangs, die Brandstiftung, Mord und Forfang (Einfang gestohlenen Viehs durch Dritte) zum Gegenstande haben. Autonome kirchliche Satzung ist das Northumbrische Priestergesetz von 1028 bis etwa 1060 über die Unterdrückung des Heidentums und über die Kirchenverfassung bei den Dänen um York. Die angelsächsischen Gesetze wurden amtlich nur auf einzelnen Pergamentblättern aufgezeichnet, von welchen uns keines erhalten ist. So manche Gesetze mögen schlechtweg verloren gegangen sein. Was uns von ihnen und von sonstigen angelsächsischen Rechtsdenkmälern überliefert ist, stammt zumeist aus Sammelhandschriften, die in kirchlichen Kreisen angelegt worden sind, nicht über das elfte Jahrhundert hinaufreichen und Sprache und Anordnung nicht immer genau wiedergeben. Die Kenntnis einiger Stücke danken wir nur lateinischen Übersetzungen, die in anglonormanischer Zeit veranstaltet worden sind.

VI. Anschaulichen Einblick in den Rechtsgang eröffnen uns die überlieferten **Formeln**, insbesondere Eidformeln, Formeln für Antworten auf Klagen um Land und Ordalienformeln. Eine Formel für den Krönungseid stammt in ihrer angelsächsischen Fassung wahrscheinlich aus den Jahren 975 oder 978, wogegen der lateinische Text jedenfalls viel älter ist [1].

VII. **Juristische Privatarbeiten** sind — um nur die wichtigsten zu nennen:

1) die Rectitudines singularum personarum, Aufsatz eines Gutsvogtes über Rechte und Pflichten der in einer adeligen Grundherrschaft ansässigen Leute. Vermutlich ist er in der ersten Hälfte des elften Jahrhunderts entstanden [2];

2) der Traktat vom klugen Gutsvogt (scadwis gerefa)

---

[1] Liebermann, Zum angelsächsischen Krönungseid, im Archiv für das Studium der neueren Sprachen 109, S. 375.

[2] Liebermann, Die Abfassungszeit von „Rectitudines singularum personarum" im Archiv für das Studium der neueren Sprachen 109, S. 73ff.

von etwa 1025, eine Belehrung über die Dinge, auf die ein solcher achten soll; wahrscheinlich Fortsetzung von 1;

3) die aus geistlicher Feder stammende Abhandlung: be gridhe and be munde, betreffend die Sonderfrieden nach kentischem, südenglischem und dänischem Rechte;

4) die Aufzeichnungen über die Höhe des Wergeldes bei den Nordleuten und in Mercien und über die Art der Zahlung des Wergelds;

5) ein Aufsatz über Verlobung und Trauung von etwa 1030;

6) eine geistliche Belehrung über die Pflichten des Richters [1].

VIII. **Urkunden** und zwar Königsurkunden und Privaturkunden sind aus der Zeit vor der Eroberung teils in lateinischer, teils in angelsächsischer Sprache in großer Zahl überliefert, darunter freilich viele unechte oder verdächtige Stücke, deren Prüfung durch den Mangel einer festen diplomatischen Technik bei den Angelsachsen erschwert wird. Besondere Bedeutung besaß die Urkunde (bóc) für den Grundbesitz, der, wenn er durch bóc (Landbuch) zu vollem Eigentum erworben wurde, Buchland (bócland) hieß im Gegensatz zum Volkland (folcland), dem nach Volksrecht erworbenen und besessenen Lande. Das Buchland war in Bezug auf die Verfügungsfreiheit des Eigentümers grundsätzlich privilegiert. Doch konnte der Inhalt des Landbuchs auch eine fideikommissarische Bindung des Grundbesitzes herbeiführen. Das Buchland wurde durch Tradition der Erwerbsurkunde (des Urbuchs) weiter veräußert und übereignet. Die Anfänge des Landbuchs gehen wahrscheinlich auf kontinentale Einflüsse zurück, welche die angelsächsische Kirche in ihrem Interesse vermittelte.

IX. **Anglolateinische Rechtsbücher.** Als Quellen angel-

---

[1] Liebermann in der Z. der Savigny-Stiftung für Rechtsgeschichte, germ. Abt. V 207.

[2] Vinogradoff, Folcland in der English Historical Review 1893, VIII. 1. Derselbe, Romanistische Einflüsse im angelsächsischen Recht: Das Buchland, Mélanges Fitting 1908.

sächsischen Rechts sind wenigstens für einen Teil ihres Inhalts noch mehrere Rechtsbücher kompilatorischen Inhalts anzusehen, die zwar nicht mehr der angelsächsischen Zeit, sondern dem zwölften Jahrhundert angehören, nicht in angelsächsischer, sondern in lateinischer oder französischer[1] Sprache abgefaßt wurden, aber angelsächsisches Recht darstellen oder darzustellen vorgeben und zum Teil in der Absicht geschrieben wurden, den Bestand des alten Rechts dem neuen gegenüber sicherzustellen.

1. Der Quadripartitus[2]. So lautete der Titel eines Rechtsbuches, das nach dem ursprünglichen Plane des Verfassers in vier Teile zerfallen sollte, über deren Inhalt er in einer schwulstigen Vorrede bemerkt: Primus liber continet leges Anglicas in Latinum translatas; secundus habet quedam scripta temporis nostri necessaria; tertius est de statu et agendis causarum; quartus est de furto et partibus eius. Das erste Buch enthält eine von dem Kompilator verfaßte lateinische versio einer fast vollständigen Sammlung der angelsächsischen Rechtsdenkmäler. Sie besitzt nicht nur hohen Wert für das Verständnis und die Kritik der angelsächsischen Texte, sondern hat uns auch manches hochwichtige Stück ausschließlich überliefert. Trotz der häufigen Aufnahme angelsächsischer Rechtswörter trägt sie deutliche Spuren fränkischer Terminologie (so braucht sie statt des angelsächsischen befón, ætfón für Anefang das Wort intertiare, so nennt sie den Friedlosen forisbannitus und übersetzt meldefeoh (Anzeigelohn) mit delatura. Das zweite Buch beginnt mit einem besonderen Vorwort und stellt sich als eine Sammlung von Staatsschriften aus der Zeit Heinrichs I. dar, welche dessen Krönungscharta von 1100, Akten des Erzbischofs Gerhard von York und Heinrichs I. Erlaß „ut comitatus et hundreta sedeant" von etwa 1110 enthält. Das in der Vorrede angekündigte dritte und vierte Buch

---

[1] Über ein solches siehe unten S. 21 f.
[2] Liebermann, Quadripartitus, ein englisches Rechtsbuch von 1114, 1892.

fehlen[1]. Vermutlich hat der Verfasser den Stoff, der diesen Büchern, oder doch wenigstens den Stoff, der dem dritten Buche zugedacht war, in einem später verfaßten Rechtsbuche (in den Leges Henrici) verwertet. Die zwei uns vorliegenden Bücher sind im Jahre 1114 vollendet worden. Der Kompilator, dessen Namen wir nicht kennen, war ein Weltgeistlicher kontinentaler Herkunft, der in Beziehungen, vermutlich in den Dienst des Erzbischofs Gerhard von York trat, sodann Kronrichter wurde und als solcher für den Gebrauch seiner Amtsgenossen Rechtsbücher schrieb[2].

2. Die Leges Henrici, ein von dem Verfasser des Quadripartitus ausgearbeitetes Werk, in das er aus dem Quadripartitus die kurze Einleitung und den an die Spitze gestellten Krönungsfreibrief Heinrichs I. von 1100 herübernahm. Der Titel Leges Henrici kann ein Rest der ursprünglichen Überschrift sein. Das Rechtsbuch enthält zum Teil angelsächsisches, zum Teil normannisches Recht. Für jenes benutzte der Verfasser das erste Buch des Quadripartitus und zwar hauptsächlich Knuts Gesetzbuch, das ihm als die Hauptquelle des geltenden angelsächsischen Rechtes erschien. Die Kenntnis des normannischen Rechtes schöpfte er aus seiner Rechtspraxis als iustitia regis. Überdies verwertete er Stücke aus fränkischen Bußbüchern, aus der Epitome Aegidii des Breviarium Alaricianum, Stellen der Lex Salica und der Lex Ribuaria und fränkische Kapitularien, aus der patristischen Literatur St. Augustin, von kanonischen Rechtsquellen mittelbar oder unmittelbar Pseudoisidor und Yvo von Chartres. Hie und da bringt er lateinische und angelsächsische Sprichwörter. Das Werk läßt Ordnung des Stoffes und Klarheit vermissen und leidet an zahlreichen Widersprüchen und Wiederholungen. Der Stil ist maniriert; er gefällt sich in gesuchten Antithesen und wechselt zwischen

---

[1] In einer Handschrift von Holkham ist Ulpianus de edendo angehängt. Er gehört nicht zum Quadripartitus.
[2] Liebermann, Über das englische Rechtsbuch Leges Henrici 1901, S. 57 f.

Wortschwall und undurchsichtiger Knappheit. Trotzdem bildet die Arbeit eine unschätzbare Quelle für die Erkenntnis der Gärungszustände, die in der Rechtsentwicklung Englands der Ausbildung des anglonormannischen Rechtes vorausgingen. Die Entstehungszeit [fällt in die Jahre 1114 bis 1118.

3. Die Instituta Cnuti aliorumque regum Anglorum, eine lateinische Kompilation angelsächsischer Gesetze, die gleichfalls einen Säkularkleriker zum Verfasser hat. Die zwei ersten Teile enthalten in der Hauptsache Stellen aus Knuts Gesetzbuch (sogen. versio Cnuti Colbertina), während der dritte Teil, der früher unter dem irreführenden Namen Pseudoleges Canuti regis ging, Exzerpte aus Alfred-Ine und aus anderen angelsächsischen Rechtsquellen zusammenstellt, darunter zwei Stücke, deren angelsächsische Vorlage uns nicht erhalten ist. Die ganze Kompilation stammt wahrscheinlich aus den ersten Dezennien des zwölften Jahrhunderts [1].

4. Die Consiliatio Cnuti, gleichfalls eine lateinische und zwar fast vollständige Übersetzung von Knuts Gesetzbuch, der ein selbständiges Vorwort vorausgeht und ein Anhang hinzugefügt ist, bestehend aus den oben unter V genannten Satzungen über Brandstiftung, Mord und Forfang und aus der Verordnung über das Hundertschaftsgericht (oben III, 6). Der Verfasser war ein Geistlicher, wie seine kirchlichen Tendenzen, kein Angelsachse, wie seine Übersetzungsfehler, kein praktisch geschulter Jurist, wie die Vermeidung technischer Rechtswörter und die Sucht nach klassischem Ausdruck ersehen lassen. Das Werk, dem eine verloren gegangene angelsächsische Rechtshandschrift zugrunde lag, entstand in der ersten Hälfte des zwölften Jahrhunderts, wahrscheinlich zwischen 1110 und 1130.

5. Die sogenannten Leges Edwardi Confessoris [3].

---

[1] Liebermann, Instituta Cnuti, Transactions of the R. Histor. Soc. N. S. VII (1893) S. 77—107.

[2] Liebermann, Consiliatio Cnuti, eine Übertragung angelsächsischer Gesetze aus dem zwölften Jahrhundert 1893.

[3] Liebermann, Über die Leges Edwardi Confessoris 1896.

Unter diesem Titel geht erst seit dem siebzehnten Jahrhundert ein etwa 1130—1135 abgefaßtes Rechtsbuch, das sich im Eingang als das Ergebnis einer Inquisitio ankündigt, welche Wilhelm der Eroberer im vierten Jahre seiner Regierung (1070) über das angelsächsische Recht veranstaltet habe, indem er aus jeder Grafschaft je zwölf angesehene Angelsachsen zur Weisung des Rechtes als Geschworene auswählen und befragen ließ. Das angeblich gewiesene Recht ist als das Recht Edwards des Bekenners gedacht. Doch bleibt der Verfasser der angekündigten Rolle nicht treu, da er im Laufe der Darstellung den Rahmen der Weistumjury fallen läßt. Der bunte Inhalt des Rechtsbuches zeigt, daß wir es mit einer Privatarbeit zu tun haben, welche das gegen Ende der Regierungszeit Heinrichs I. geltende Recht darstellt und normannischen Einrichtungen angelsächsischen Ursprung beilegt. Die inhaltvolle Rechtsquelle liegt uns in zwei Textformen vor, in einer kürzeren und in einer längeren, von welchen diese eine erweiternde und erläuternde Bearbeitung des kürzeren Textes ist[1]. Das Werk erlangte großes und unverdientes Ansehen. Der jüngeren anglonormannischen Zeit galt es für die Hauptquelle des angelsächsischen Rechtes.

6. Eine Fälschung sind die Constitutiones Cnuti regis de foresta[2]. So nennt sich ein mit Benutzung der Instituta Cnuti abgefaßtes Rechtsdenkmal, das sich für eine forstrechtliche Satzung Cnuts ausgiebt. Es stellt nicht angelsächsisches, sondern das ältere anglonormannische von Wilhelm dem Eroberer begründete Forstrecht dar. Als Fälschung entlarvt es sich durch die Verwendung anglonormannischer Rechtsausdrücke, durch den normannischen Rechtsinhalt und durch die absichtlichen Änderungen, welche

---

[1] Liebermann bezeichnet sie in seiner Ausgabe als Edw. Conf. retractatus. Der Retraktator ist mit dem Verfasser der älteren Textform nicht identisch.

[2] Liebermann, Über Pseudo-Cnuts Constitutiones de foresta 1894. Dazu Konrad Maurer in Kölbings Englischen Studien XVII 57 ff.

die aus Instituta Cnuti herüber genommenen Sätze entstellen. Das Machwerk ist im zwölften Jahrhundert, wahrscheinlich gegen Ende der Regierungszeit Heinrichs I. etwa 1185, wie es scheint, von einem höheren Forstbeamten fabriziert worden, der das harte und unbeliebte normannische Forstrecht durch Knuts Namen decken und den Glauben erwecken wollte, daß es hergebrachtes angelsächsiches Recht sei.

Ausgaben und Literatur.

Die erste Sammlung angelsächsischer Gesetze veröffentlichte William Lambarde 1568 unter dem Titel: Archaionomia sive de priscis Anglorum legibus. Eine vermehrte und kritisch besser fundierte Ausgabe, nach welcher die ältere Literatur die angelsächsischen Gesetze benutzte, lieferte David Wilkins (Wilke), Leges Anglo-Saxonicae 1721, wieder abgedruckt bei Canciani, Barbarorum Leges IV und bei Houard, Traités sur les Coutumes Anglo-Normandes. Diese Edition wurde überholt durch die von der Recordkommission veranstaltete: Ancient Laws and Institutes of England, London 1840, von R. Price begonnen, nach dessen Tod von Thorpe vollendet. in folio und außerdem in 2 Bdn. 8°. Auf dieser Ausgabe fußt die von Reinhold Schmid, Gesetze der Angelsachsen 2. Aufl. 1858 mit deutscher Übersetzung, trefflicher quellengeschichtlicher Einleitung und wertvollem Glossar. Das Gesetzbuch Alfred-Ine publizierte in einer Sonderausgabe M. H. Turk, The Legal Code of Alfred the Great 1893. Die beste kritische Edition, diejenige, die man jetzt ausschließlich benutzen darf, schuf mit Heranziehung von nicht weniger als 180 Handschriften F. Liebermann, Die Gesetze der Angelsachsen I 1903. Der Herausgeber bietet neben den angelsächsischen Texten eine wortgetreue deutsche Übersetzung. Von dem zweiten Bande ist bisher nur erst das Wörterbuch (1906) erschienen. Das Rechtsglossar und der den Erläuterungen gewidmete dritte Band stehen noch aus.

Eine Sammlung der Urkunden aus angelsächsischer Zeit lieferte Kemble, Codex diplomaticus aevi Saxonici 6 Bde., 1839—1846. Eine vermehrte und zum Teil aus den Handschriften bereinigte Ausgabe, die aber in diplomatischer Beziehung namentlich wegen mangelnder Sonderung der echten und unechten Stücke manches zu wünschen übrig läßt, bietet De Gray Birch, Cartularium Saxonicum I 1885, II 1887, III 1893 (es reicht nur bis 975). Eine in philologischer Hinsicht schätzenswerte Leistung ist John Earle, Hand-Book to the Land Charters and other Saxonic Documents 1888, eine Auswahl angelsächsischer

Urkunden mit Einleitung, Glossar und Index; doch steht sie in rechtsgeschichtlicher Beziehung auf veraltetem Standpunkt, da sie ohne Kenntnis der neueren Spezialuntersuchungen zur angelsächsischen Urkundenlehre gearbeitet ist. Neunzehn ältere Urkunden sind vortrefflich und mit lehrreichen Erläuterungen herausgegeben in den Anecdota Oxoniensia: The Crawford Collection, von Napier und Stevenson 1895. Drei unedierte nordhumbrische Urkunden aus der Zeit um 1100 edierte und besprach Liebermann im Archiv für das Studium der neueren Sprachen und Literaturen 111, S. 275. — Facsimiles of ancient charters in the British Museum publ. by the order of the Trustees 1873 ff.

Ausgewählte Stellen aus den rechtshistorischen und historischen Quellen gibt in englischer Übersetzung oder in lateinischem Text Stubbs, Select Charters and other Illustrations of English Constitutional History 8. ed. 1895.

Literatur. Über die angelsächsischen Rechtsquellen siehe die Einleitung in Schmids Gesetzen der Angelsachsen. Sie ist jetzt namentlich für die anglolateinischen Rechtsbücher vielfach zu berichtigen aus den kritischen Spezialuntersuchungen Liebermanns, die ich oben in den Anmerkungen verzeichnet habe, und hinsichtlich der Zeitbestimmungen durch Liebermanns Ausgabe. Vgl. Liebermanns Selbstanzeige der ersten Lieferung seiner Ausgabe in der Zeitschrift der Savigny-Stiftung für Rechtsgeschichte, german. Abteilung XIX 174. Eine Untersuchung über die Danelag, welche die Geschichte einzelner Rechtsquellen in neue Beleuchtung brachte, aber den Einfluß des nordischen Rechtes im ganzen etwas überschätzte, gab Steenstrup, Normannerne 4. Bd. 1882. — Über angelsächsisches Urkundenwesen siehe Heinrich Brunner, Zur Rechtsgeschichte der römischen und germanischen Urkunde 1880, I 149 ff.: Das angelsächsische Landbuch. Einzelne Punkte hat Aronius, Diplomatische Studien über die älteren angelsächsischen Urkunden 1883 näher ausgeführt.

Zur angelsächsischen Rechtsgeschichte: J. M. Kemble, The Saxons in England 2 vols. 1849, rev. by Birch 1876, übersetzt von Brandis 1853—1854, 2 Bde. Konrad Maurer, Über angelsächsische Rechtsverhältnisse, in der Kritischen Überschau I, II, III, 1853 ff. Phillips, Geschichte des angelsächsischen Rechtes 1825 und die betreffenden Abschnitte bei Gneist, Geschichte des englischen Verwaltungsrechts 2. Aufl. 1867, Selfgovernment, Kommunalverfassung und Verwaltungsgerichte in England 3. Aufl. 1871 und Englische Verfassungsgeschichte 1882. Sir Francis Palgrave, The Rise and Progress of the English Commonwealth 1831, 1832 2 Bde. W. Stubbs, The Constitutional History of England in its origin and development

3 vols 1874—1878, in 6. Aufl. 1897, ein auf gründlicher historischer Forschung beruhendes Werk, welches die Ergebnisse der geschichtlichen und rechtsgeschichtlichen Forschung Deutschlands in sich aufgenommen hat. Essays in Anglo-Saxon Law, Boston 1876, enthaltend: The Courts of Law by H. Adams, The Land Law by Cabot Lodge, The Family Law by E. Young, The legal Procedure by L. Laughlin. Pollock und Maitland, History of English Law before the Time of Edward I. 1895 (2. Aufl. 1898), 2 vols, ein bahnbrechendes Werk, das die ältere englische Rechtsgeschichte auf neue Grundlagen gestellt hat. Vgl. Z. d. Savigny-Stiftung für R.G. germ. Abt. XVII 125 und Political Science Quarterly XI 537, Sept. 1896. Pollock, English Law before the Norman Conquest, Law Quarterly Review XXIV 291 ff, 1895 und in den Select Essays I 88. H. Munro Chadwick, Studies on Anglo-Saxon Institutions 1905. Derselbe, Origin of the English Nation 1907.

Zweiter Abschnitt.
Die Quellen des anglonormannischen Rechts [1].

A. Von Wilhelm I. bis auf Heinrich II., 1066—1154.

Die Eroberung Englands war das Ergebnis nicht nur der kriegerischen, sondern auch der politischen Überlegenheit, welche das normannische Staatswesen vor der im Niedergang befindlichen Staatsordnung der Angelsachsen voraus hatte. Wie die altertümliche, keilförmig gegliederte Schlachtordnung des angelsächsischen Fußvolkes, deren letzte Anwendung bei den Westgermanen uns für die Schlacht bei Hastings bezeugt ist, der damals modernen kriegerischen Technik des normannischen Rittertums nicht gewachsen war, so hatte die feudalistisch gesättigte Verfassung der Normandie von vornherein das Übergewicht über das angelsächsische Gemeinwesen, dessen genossenschaftliche Grundlagen

---

[1] Regierungsjahre der englischen Könige dieses Zeitraums:

Wilhelm I.	. .	1066—1087.	Richard I.. . .	1189—1199.
Wilhelm II.	. .	1087—1100.	Johann	1199—1216.
Heinrich I.	. .	1100—1135.	Heinrich III.. .	1216—1272.
Stephan	. . .	1135—1154.	Edward I.. . .	1272—1307.
Heinrich II.	. .	1154—1189.	Edward II. . .	1307—1327.

durch die Entwicklung unfreier Besitzformen und drückender Hörigkeitsverhältnisse überwuchert worden waren, während es andererseits sich nicht zum eigentlichen Lehnsstaat durchzuringen vermocht hatte. Auch in dem Kampfe beider Rechte, der infolge der Eroberung begann, zeigte sich das normannische als das stärkere Element. Grundsätze des fränkisch-normannischen Verfassungs- und Verwaltungsrechts, des Privat-, Straf- und Prozeßrechts gelangten in England zur Geltung und erfuhren wie das Lehnwesen hier, wo das Königtum für systematische Organisation freien Spielraum fand, zum Teil eine Schärfung und Zuspitzung, welche dem Boden, der sie ausgebildet hatte, fremd blieb.

Die Normannen brachten in ihren Rechtsbeziehungen untereinander das normannische Recht zur Anwendung[1]. Für die Verhältnisse zwischen Normannen und Angelsachsen wurden besondere gesetzliche Bestimmungen erlassen. Den Angelsachsen selbst wurde zwar die ungeschmälerte Fortdauer ihres Rechts prinzipiell gewährleistet, so schon von Wilhelm dem Eroberer, der die laga Edwardi, den unter Edward dem Bekenner bestehenden Rechtszustand bestätigte; allein es ging damit wie mit allen prinzipiellen Konzessionen. In der Praxis kehrte man sich nicht daran; denn der Zug der tatsächlichen Verhältnisse war eben stärker als das aufgestellte Prinzip. Normannen bildeten fast ausschließlich die höhere Schicht der Gesellschaft und erlangten den großen Grundbesitz. Sie drängten sich an den Hof des Königs, während der angelsächsische Adel sich verstimmt von der Neuordnung der Dinge fernhielt und schließlich in fruchtlosen Aufständen seinen Untergang fand. Bald wurden die geistlichen und weltlichen Ämter aus den Reihen der Normannen besetzt. Normannen bildeten die curia regis und damit war das höchste Gericht dem Einfluß des normannischen Rechts preisgegeben, eine Tatsache, die um so schwerer wiegt, als in England die Praxis des Königsgerichtes durch eine beispiellose Zentralisation der Rechtspflege die Fortbildung des Rechts vollständig beherrschte.

---

[1] Ausnahmen vorbehalten für die ältere Zeit bei Streitigkeiten um Land.

Nicht sofort nach der Eroberung machte sich dieser Prozeß in seiner Schärfe geltend. Die Normannisierung des Landes und seines Rechts war nur eine allmähliche. Unter Wilhelm dem Eroberer bewegte sich die Gesetzgebung noch in den Geleisen der angelsächsischen Zeit. Die kompilatorischen Arbeiten über angelsächsisches Recht, welche unter Heinrich I. entstanden (siehe oben S. 13 ff.) sind ein Beweis einerseits der Fortexistenz angelsächsischen Rechtes, andererseits aber auch des Existenzkampfes, den es gegen die eintretende Normannisierung zu bestehen und nicht durchweg bestanden hatte. Als Gesetzessprache tritt zuerst teilweise, dann vollständig an Stelle des Angelsächsischen das Lateinische, um seit Edward I. mit dem Französischen abzuwechseln und seit Richard II. ihm vollständig zu weichen.

I. **Satzungen Wilhelms I.** Von Wilhelm dem Eroberer (1066—1087) besitzen wir nur drei kurze legislative Akte:

1. **Willelmes cyninges ásetnysse** von 1067 bis 1077, ein Gesetz in angelsächsischer Sprache, welches das Beweisverfahren in Prozessen zwischen Angelsachsen und Normannen regelt. Der Angelsachse wird hier als englisc man, der Normanne als frencisc man, sein Recht aber als nordhmandisc lagu bezeichnet.

2. Die **episcopales leges** (1070—1076), eine Satzung über die Trennung der geistlichen und der weltlichen Gerichtsbarkeit, wodurch in diesen Materien gegenüber dem angelsächsischen Brauch die kontinentalen Grundsätze eingeführt und die geistlichen Sachen (quae ad regimen animarum pertinent) der Entscheidung in den weltlichen Gerichten entzogen wurden.

3. Einen **Schutzbrief** für Vogt (portgerefa) und Bürgerschaft von **London** (1066—1075), denen die Rechtsstellung zugesichert wird, die sie unter Eduard dem Bekenner genossen hatten.

II. Kein Gesetzbuch Wilhelms I., sondern Privatarbeit sind die sogenannten **Leis Willelme**[1]. Sie führen sich

---

[1] John E. Matzke, Lois de Guillaume (Collection de textes pour servir à l'histoire) Paris 1899. Liebermann, Über die Leis Willelme, Archiv für das Studium der neueren Sprachen usw. 106, S. 113 ff.

ein als die Gesetze und Gewohnheiten, die König Wilhelm dem englischen Volke nach Erwerbung Englands zugesichert habe, dieselben, die sein Vetter, König Eduard, vor ihm gehandhabt hatte. Das Rechtsbuch ist uns in französischem und in lateinischem Texte überliefert, von welchen sich dieser als eine (um 1200 entstandene) Übersetzung aus dem Französischen darstellt. Der erste Abschnitt (c. 1—28) enthält zumeist anglonormannische Rechtssätze, denen zum Teil echte Gesetze Wilhelms I. zugrunde liegen dürften; er berücksichtigt die Danelag und regelt unter anderem die Haftung der Hundertschaft für Tötung von Normannen. Einzelne Kapitel gehen auf Knuts Gesetzbuch zurück. Der zweite Abschnitt (c. 29—52) bietet eine Auswahl von Rechtssätzen aus Knuts Gesetzbuch, außerdem aber römische Rechtssätze (c. 33—38), die unmittelbar oder mittelbar den Digesten oder dem Codex Justinians entlehnt sind. Der Verfasser der Léis Willelme rechnet bald mit Schillingen fränkischer Währung, bald mit solz engleis, mercischen Schillingen zu vier Denaren. Das Werk ist zwischen 1090 und 1135, wahrscheinlich in den ersten Dezennien des zwölften Jahrhunderts, im östlichen Mercien abgefaßt worden, um das zur Zeit Wilhelms I. geltende Recht darzustellen.

III. Gleichfalls eine Privatkompilation sind die Articuli Willelmi, zehn Artikel unter der Überschrift: Hic intimatur, quid Willelmus rex Anglorum cum principibus suis constituit post conquisitionem Angliae. Sie enthalten Rechtssätze, die auf Gesetze Wilhelms zurückgehen. Zum Teil lehnen sie sich an die Instituta Cnuti an. Die Entstehung der Arbeit fällt in die Jahre von 1110—1135. Das Stück „Hic intimatur" wurde unter König Stefan mit den Leges Edwardi Confessoris retractatae (siehe oben S. 16 Anm. 1) und mit einer Genealogia ducum Normannorum zu einer größeren Sammlung verbunden, die man als Tripartita bezeichnen darf[1]. Von ihr ist unter Richard I. in den Jahren 1192/3

---

[1] So nennt sie Liebermann, Eine anglonormannische Übersetzung des zwölften Jahrhunderts von Articuli Willelmi, Leges

eine altfranzösische Übersetzung veranstaltet worden. Auf Grundlage der Tripartita, des Quadripartitus und anderer Quellen verfaßte um das Jahr 1210 ein Londoner im Interesse der Stadt London eine Kompilation mit tendenziösen Einschaltungen und Entstellungen, worin „Hic intimatur" und Leges Edwardi Confessoris nicht ohne starke Interpolationen enthalten sind [1].

IV. Das Domesday Book. Gegen Ende der Regierung Wilhelms I. entstand als das Ergebnis einer amtlichen Inquisitio das Reichsgrundbuch, the Domesday Book, eine eingehende im Sommer 1086 vollendete Registrierung (descriptio) des Grundbesitzes, seiner Inhaber, seiner Lasten und seiner Leistungsfähigkeit. Als Steuerkataster zu fiskalischen Zwecken nach Grafschaften und Lehnsherrschaften angelegt, enthält es neben den statistischen Angaben wertvolle Weistümer über örtliches Recht. Das Domesday Book wurde amtlich herausgegeben 1783, 2 vols. fol. Dazu zwei Nachtragsbände der Rekordkommission 1816. Vgl. Sir H. Ellis, A general introduction to Domesday Book 2 vols. 1833, Lappenberg, Geschichte Englands II 143 ff., Gneist, Englisches Verwaltungsrecht I 122. Im Jahre 1886 wurde in England die Erinnerung an die vor achthundert Jahren erfolgte Aufzeichnung des Steuerkatasters durch eine Anzahl von Vorträgen gefeiert. Sie sind nebst einer Bibliographie des Domesday Book herausgegeben von Edw. Dove als Domesday Studies 1888. Wertvolle rechtsgeschichtliche und wirtschaftsgeschichtliche Beiträge zur Erläuterung des Domesday Book lieferten Maitland: Domesday Book and beyond, three essays on the early History of England 1897, Round, Feudal England 1895, Ballard, The Domesday Inquest 1906 und Paul Vinogradoff, English Society in the eleventh century 1908.

Eadwardi und Genealogia Normannorum, in Gröbers Zeitschrift für romanische Philologie 1895, S. 77 ff.

[1] Liebermann schlägt für diese Kompilation die Bezeichnung „Leges Anglorum Londiniis saeculo XIII ineunte collectae" vor. Liebermann, Über die Leges Anglorum 1894.

V. **Schatzrollen.** Die Macht des englischen Königtums beruhte zum guten Teil auf der verhältnismäßig strammen und geordneten Finanzverwaltung, die aus der Normandie nach England übertragen, daselbst eine vom Danegeld her an Steuern und Abgaben gewohnte Bevölkerung vorfand. Der normannischen Finanzverwaltung verdanken wir eine bedeutsame Rechtsquelle, in welcher zwar der fiskalische Gesichtspunkt vorherrscht, aber auch, da er die ganze Staats- und Rechtsverfassung durchdringt, wichtige Anhaltspunkte über das Dasein von Rechtssätzen und Rechtsinstituten gegeben sind. Wir meinen die Rechnungsabschlüsse des Schatzamtes, des Exchequer (Scaccarium), die in England weiter hinaufreichen als in der Normandie, aber in bezug auf die Spezialisierung der einzelnen Rechnungsposten zurückstehen. Die Schatzrollen werden gemeinhin als Rolls of the Pipe, **Rotuli Pipae**[1] bezeichnet. Die älteste stammt noch aus der Regierungszeit Heinrichs I und ist von Jos. **Hunter** ediert unter dem Titel: Magnus Rotulus Scaccarii vel Magnus Rotulus Pipae de anno 31 regni Henrici I. (ut videtur) 1130/1, 1833.

VI. **Urkunden.** Eine brauchbare Zusammenstellung der das Gerichtswesen betreffenden älteren anglonormannischen Urkunden, ein corpus placitorum für die Zeit von Wilhelm dem Eroberer bis Richard I. lieferte **Bigelow**. Placita Anglo-Normannica, Law Cases from William I. to Richard I. preserved in historical records, 1879. Die Sammlung, welche nur aus gedruckten Quellen schöpfte, setzt sich hauptsächlich aus Prozeßberichten der englischen Geschichtsschreiber, aus königlichen Prozeßmandaten (writs), aus prozessualischen Stellen des Domesday Book und der Schatzrollen zusammen. Vgl. darüber Zeitschrift der Savigny-Stiftung für Rechtsgeschichte germ. Abt. II 202 ff.

B. **Von Heinrich II. bis 1327.** Nachhaltigen Anstoß erhielt die Rechtsbildung unter Heinrich II. (1154—89), der

---

[1] Das Wort Pipe Rolls wird aus der Gestalt der Schatzrolle erklärt.

seit 1150 Herzog der Normandie und zuletzt unter Stephan Capitalis Iustitiarius Angliae gewesen war. Epochemachend sind aus seiner Regierungszeit die Konstitutionen von Clarendon 1164, die Assisen von Clarendon 1166 und von Northampton 1176. Heinrich I. war es, der zuerst in der Normandie und dann in England die Beweisjury[1], welche bis dahin nur von Fall zu Fall ausnahmsweise in Anwendung gekommen war, als ordentliches Beweismittel in den Zivilprozeß einführte und dadurch den Grund legte zur Ausbildung nicht nur des englischen Prozeßrechts, sondern auch des innig damit verwachsenen Privatrechts. Im Anschluß an diese Neuerung begründete er ein besonderes Verfahren in Besitzstreitigkeiten, und zwar durch eine Assise, die vermutlich um das Jahr 1166 erlassen wurde. Heinrichs Reformen organisierten den sogenannten Writprozeß (s. unten S. 29), wahrscheinlich auch die Praxis der Inrotulierung der Urteile, sie legten den Grund für die feste Unterordnung der niederen Jurisdiktionsgewalten unter die königliche Gerichtsbarkeit. Anknüpfend an vereinzelte Anklänge älterer Zeit schuf Heinrich ferner das Institut der reisenden Richter (iusticiarii itinerantes, Justices in eyre), indem er zum Zweck kommissarischer Ausübung der dem Königsgerichte vorbehaltenen Gerichtsbarkeit das Reich in große missatische Sprengel (circuits) teilte, eine Maßregel, die in der Organisierung der ordentlichen missi durch Karl den Großen ihr geschichtliches Analogon hat. Aus der Zeit Richards I sind uns die Capitula Itineris, die Instruktionen, die den reisenden Richtern (1194 und 1198) mitgegeben wurden, überliefert; sie erinnern in Form und Inhalt an ein karolingisches Capitulare missorum. Trotz der Neuerung ward die Einheit der curia regis als des Mittelpunktes der Rechtspflege und Verwaltung festgehalten. Auch das Gericht, welches die Reiserichter abhalten, ist curia regis. Doch stellt schon Glanvilla (VIII 5 § 4) den iusticiarii itinerantes die capitalis curia regis

---

[1] Die Beweisjury ist aus dem fränkischen Beweisverfahren per inquisitionem hervorgegangen, wie es sich im Reiche der Karolinger nachweisen läßt.

gegenüber. Diese ist zwar von dem Scaccarium äußerlich noch nicht geschieden, aber unter Heinrich II. heben sich aus dem Beamtenpersonal der curia regis als eine besondere Gruppe die Mitglieder einer ständigen kollegialischen Justizabteilung, die „in banco" residierenden Richter hervor. Nachmals fallen das Exchequer als Organ der Finanzverwaltung und der finanziellen Jurisdiktion und das Königsgericht auch äußerlich auseinander, während dieses sich wiederum in den Court of King's Bench und den Court of Common Pleas (Gerichtshof für gewöhnliche Zivilprozesse) spaltet. Diese Spaltung des Königsgerichtes ist sachlich, wenn auch noch nicht in der technischen Terminologie, spätestens unter Johann vorhanden. Es werden nämlich schon damals unterschieden 1. die placita coram rege (ipso) oder quae sequuntur regem und 2. die placita de banco, welche zu bestimmten Terminen von den iusticiarii de banco zu Westminster (oder London) abgehalten wurden. Die placita coram rege stellen dar, was nachmals King's Bench, die placita de banco, was nachmals Common Bench, Court of Common Pleas heißt.

Unter Heinrich II. beginnt in England auch die systematische Bearbeitung des anglonormannischen Rechts, welche schon durch die Objekte ihrer Darstellung, die Finanzverwaltung des Scaccarium und das Verfahren des Königsgerichtes, auf die Stätte hinweist, von welcher der Impuls ausgegangen ist. Die Rechtsquellen dieses Zeitabschnittes sondern sich in Statuten, gerichtliche Quellen, Denkmäler der Finanzverwaltung und literarische Bearbeitungen des Rechtes (Rechtsbücher).

I. Statutes. Die englischen Juristen scheiden die Gesamtmasse des Rechtsstoffes in Statute Law und Common Law, je nach dem gesetzlichen oder gewohnheitsrechtlichen Ursprung. Doch wird dieser Unterschied nicht durchweg festgehalten und hat der Begriff des Common Law noch andere Gegensätze. Die älteren Satzungen der normannischen Könige zählen zu den Quellen des Common Law. Sie sind entweder Constitutiones, Assisae, vom König nach Beratung mit den Großen des Landes erlassen (Assisa ist Versammlung, Sitzung, ferner Urteil oder Satzung als das Ergebnis der Sitzung oder Versammlung und auch ein bestimmtes, durch königliche Satzung eingeführtes Prozeßinstitut), oder sie heißen Chartae, Charters, einseitige königliche Verleihungen, Freibriefe zur Abhilfe von Beschwerden. Die Bezeichnung Assisae wird seit Heinrich III. durch den Ausdruck Provisiones verdrängt; seit Edward I. wird das Wort Statutum herrschend. Die offizielle Ausgabe der Statuten bringt unter der Rubrik Charters die Freibriefe Heinrichs I. von 1100, Stephans de libertatibus ecclesie Anglicane et regni von 1136 und sine dato, Heinrichs II. ohne Datum, Johanns ut libere sint electiones (der Prälaten) totius Anglie von 1214, die Articuli der Barone, aus welchen die von den Baronen dem König abgetrotzte Magna Charta Johanns vom 15. Juni 1215 hervorging, ferner die genannte Magna Charta [1] und ihre stellenweise abschwächenden Bestätigungen von 1216, 1217, 1225, von welchen die letzte den Text für die späteren häufig wiederholten Bestätigungen abgab, außerdem die Charta de foresta von 1217, bestätigt 1225. Die eigentlichen Statuten beginnen mit den Provisiones de Merton aus dem 20. Regierungsjahre Heinrichs III., 1236, welchen in den Statutensammlungen von den Charters regelmäßig die Magna Charta und die Charta de foresta vorausgehen. Aus der Zeit Heinrichs III. ist noch das Statutum de Marleberge, St. of Marlborough 1267 seiner Bedeutung halber zu erwähnen. Unter Edward I., dem englischen Justinian, nimmt die Zahl der Statuten in solchem Maße zu, daß eine Aufzählung auch nur der wichtigsten hier als unzulässig erscheint.

Während der an Reformen fruchtbaren Regierung Edwards I. gewann England die wesentlichen Grundlagen seiner nachmaligen Konstitution und damit den verfassungsmäßigen Organismus seiner Gesetzgebung. „Als Mittelpunkt der

---

[1] Eine ausführliche Erläuterung der in ihrer verfassungsgeschichtlichen Bedeutung oft überschätzten Urkunde bietet William Sharp Mac Kechnie, Magna Charta, Commentary on the Great Charter of King John 1905.

Staatsregierung" bildete sich ein permanenter Staatsrat, the continual council (später Privy Council), bestehend aus den geistlichen und weltlichen Inhabern der höchsten Staatsämter. Infolge spezieller königlicher Ladung treten Prälaten und Barone periodisch zu diesem Staatsrate hinzu und bilden mit ihm das Magnum concilium, den Reichsrat. Unter Eduard I. wurde es ferner Sitte, „zur Besprechung über außerordentliche Beiträge und bald auch weiter zur Stärkung der Gesetze und zur Abhilfe der Landesbeschwerden Abgeordnete der Communitates, Vertreter der Grafschaften und Städte zu berufen", welche seit Eduard III. sich als besondere Körperschaft konstituierten. „So war der äußere Rahmen eines Ober- und Unterhauses gebildet, unter dessen Beirat und Zustimmung das Königtum die organische Gesetzgebung des laufenden Jahrhunderts gestaltet hat". (Gneist, Selfgovernment, 2. Aufl. 1863, I 145.)

Ausgaben. Die Gesetze Wilhelms I. sind in der offiziellen englischen Ausgabe und bei Schmid unter die Gesetze der Angelsachsen aufgenommen; ebenso bei Liebermann, der auch Heinrichs I. Erlasse bringt. Die Gesetze bis zum Anfangspunkt der englischen Statutensammlungen sind zusammengestellt in dem Codex legum veterum statutorum regni Angliae ab ingressu Guilelmi I. usque ad a. 9. Henrici III. von Heinrich Spelman, einer Kompilation von Fragmenten der Scriptores, von königlichen Verordnungen, Privilegien, Reichsschlüssen u. dgl., welche Wilkins aus den nachgelassenen Papieren des Verfassers in seinen leges Anglo-Saxonicae und nach ihm Houard im zweiten Bande seiner Anciennes Loix abgedruckt hat. Bessere Texte, leider ohne jeden kritischen Apparat, bietet nunmehr die leichter zugängliche, nach ähnlichen Gesichtspunkten angelegte Zusammenstellung von William Stubbs in dessen Select Charters, 8. ed. 1895. So schätzenswert diese recht brauchbare Sammlung auch ist, kann sie doch nur als ein vorläufiges Auskunftsmittel gelten und bleibt eine kritische Ausgabe der älteren anglonormannischen Assisen nach wie vor dringendes Bedürfnis.

Die Statuten im eigentlichen Sinne bis 1714 erschienen 1810—1824 in einer offiziellen Ausgabe: The Statutes of the Realm from original Records and authentic Mss. printed by command of his Majesty King George the Third in pursuance of an address of the House of Commons of Great Britain from the earliest times to the end of the Reign of Queen Anne, 10 Bde. in fol. mit Einschluß eines alphabetischen Index. Dazu (4, 2) ein chronologischer Index 1828. Die wichtigsten älteren Statuten haben durch Coke (Institutes of the Laws of England, part II) einen berühmt gewordenen Kommentar erhalten. Unter den zahlreichen Ausgaben, welche sich vom praktischen Gesichtspunkte leiten lassen und daher die veralteten Statuten weglassen, seien hier nur erwähnt: Die Statutes at large from Magna Charta to the Union of the Kingdom of Great Britain and Ireland, zuerst von Ruffhead, in neuer Ausgabe von T. E. Tomlins and J. Raithby, London 1811, 4°., 10 vols.

II. Gerichtliche Quellen. 1. Writs (Brevia). Wie in der Normandie entstand auch am englischen Königsgerichte ein amtsrechtliches Verfahren, welches den formalen volksrechtlichen Prozeß mit Zweikampf und Eid zu ersetzen vermochte, prinzipiell auf die Curia regis beschränkt war und durch königliche Mandate (Writs, Brevia) eingeleitet, zum Teil auch fortgeführt wurde. Anfänglich waren solche Writs eine von Fall zu Fall vom König um Geld erteilte Begünstigung. Seit Heinrich II. wurde daraus ein allgemein zugängliches Rechtsmittel, indem die königliche Kanzlei ein für allemal angewiesen wurde, unter gewissen Voraussetzungen auf Verlangen solche Mandate nach feststehenden Formularen an die Parteien zu verabfolgen. Die rechtliche Bedeutung der Writs war eine verschiedene, je nach dem Zwecke derselben. Entweder handelte es sich darum, den Prozeß an das Königsgericht zu ziehen; dann erfolgte die Vorladung des Beklagten durch ein Breve, welches dem Vicecomes (Sheriff) auftrug, dem Beklagten die Restitution des Klagobjektes anzubefehlen, widrigenfalls dieser sich vor dem Königsgerichte zu verantworten habe. Ein solches Breve heißt Writ of praecipe und hat sein Vorbild in einem Fränkischen indiculus commonitorius. Oder es wurde dem Vicecomes durch das Breve aufgetragen, eine Beweisjury (recognitio) zusammenzustellen und vorzuladen, welche über die Beweisfrage zu erkennen habe (Breve recognitionis). Auch aus zahlreichen anderen Anlässen konnten Brevia erlassen werden. Eigentümlich ist dem Englischen Rechte seit der zweiten Hälfte des zwölften Jahrhunderts, daß selbst das volksrechtliche Verfahren, wenn es sich um Grundbesitz handelte, der Einleitung durch ein königliches Breve bedurfte. Seit Heinrich II. wurde es nämlich Rechtsgrundsatz, daß in den Gerichten der Lehnsherren bei Grundbesitzstreitigkeiten der Beklagte nicht zu antworten brauchte, wenn nicht ein königliches Breve vorlag, welches dem Gerichtsherrn auftrug, des Rechtes zu walten, widrigenfalls der Vicecomes die Sache auszutragen habe (Breve de recto, entsprechend einem Fränkischen indiculus de justitia). Sofern die Brevia dazu dienten, den Prozeß einzuleiten, entwickelte sich in England ein dem römischen Formularprozeß vergleichbares Verfahren. Durch die Formeln der Writs wurden die Klagen des englischen Rechts individualisiert, so daß Bracton sagen konnte: tot formulae brevium, quot sunt genera actionum. Im dreizehnten Jahrhundert steht es nicht mehr im Belieben des Königs und seiner Organe nach Willkür völlig neue Writs zu schaffen. Schon nach Bracton ist ein Breve, das contra ius et regni consuetudinem erlangt wurde, als nichtig zu erachten. Grundsätzlich sei für den Erlaß neuer Brevia die Zustimmung des Staatsrates (council) nötig, doch genüge es, wenn die Magnaten nicht ausdrücklich widersprechen. An diese Auffassung, welche nachmals mit der steigenden Bedeutung des Parlaments eine strengere wurde und sich zu einem Hemmnis für die freie Fortbildung der Writs gestaltete, knüpft die Einteilung der Brevia in Brevia formata und Brevia magistralia an. Jene sind Brevia, für die das Formular gesetzlich feststeht, diese werden von der Kanzlei in consimili casu, das heißt in Fällen, die den bereits vorgesehenen verwandt sind, dem

Kläger, quia in novo casu novum remedium est apponendum, als actiones utiles gewährt, ein Vorgehen, welches durch das zweite Westminsterstatut 13 Ed. I c. 24 ausdrücklich angeordnet wurde. Man unterschied ferner Brevia originalia, die den Prozeß einleiteten und Brevia iudicialia, die in dessen weiteren Verlauf eingriffen. Zahlreiche Formulare von Writs stehen bei Glanvilla und in den Rechtsbüchern des dreizehnten Jahrhunderts, in dem Statutum Walliae von 1284, das den englischen Prozeß in Wales einführte; außerdem sind ungedruckte ältere Register von Writs überliefert, darunter als eines der ältesten eine forma brevium de cursu vom 10. November 1227, welche Heinrich III. für Irland zusammenstellen ließ, als er anordnete, daß dort nach englischem Vorbild Recht gesprochen werden solle. Über die älteren Writs vergleiche H. Brunner, Entstehung der Schwurgerichte 1872, über die älteren Register siehe Maitland, The History of the Register of original writs in der Harvard Law Review III (1889), auch in den Select Essays II, 549 ff.

2. Records, das sind Protokolle über die Verhandlungen und Entscheidungen der Gerichte (Records im engeren Sinne: der königlichen Gerichte), welche bei den einzelnen Gerichtshöfen von Amts wegen zum Zweck der Feststellung gerichtlicher Akte aufgenommen und aufbewahrt wurden. Die systematische Inrotulierung der königsgerichtlichen Verhandlungen scheint eine der großen Reformen aus den letzten Regierungsjahren Heinrichs II. zu sein. Von den Rotuli placitorum werden die Fines unterschieden, Urkunden über Vergleiche, welche im Königsgerichte auf Grund eines wahren oder eines fingierten Prozesses mit königlicher oder richterlicher Erlaubnis abgeschlossen worden sind. Sie heißen auch Finales concordiae (quia finem imponunt negotio) oder Pedes finium, ein Ausdruck, der als der untere Teil des ganzen Vergleichsinstruments (the Foot of the Fine) erklärt wird, aber wahrscheinlich nur auf mißverständliche Übersetzung von altfranzösisch pees (pax) znrückgeht. Die Rotuli placitorum aus der Zeit Richards und Johanns sind

ohne Unterscheidung einzelner Serien als Coram rege rolls bekannt. Dagegen scheidet man die rotuli placitorum aus der Zeit Heinrichs III. bereits in drei Gruppen nämlich 1. Coram rege rolls, 2. Assize rolls, 3. Tower coram rege rolls und Tower assize rolls, eine Unterscheidung, die darin ihren Grund hat, daß die rotuli der zwei erstgenannten Serien zu Westminster, die rotuli der dritten im Tower aufbewahrt wurden [1].

Ein ungenügender Auszug aus älteren Gerichtsprotokollen, viel zu mager und zu dürftig für rechtsgeschichtliche Untersuchungen wurde in den Jahren 1619—1626 angefertigt und 1811 im Auftrag der Regierung als Placitorum in domo capitulari Westmonasteriensi asservatorum abbreviatio temporibus Ric. I., Joh. Henr. III., Edw. I., Edw. II. publiziert. Eine Ausgabe vollständiger Rekords lieferte 1835 Palgrave: Rotuli Curiae Regis, Rolls and Records of the Court held before the Kings justiciars usw. vol. I.: from the sixth year of King Richard I. to the accession of King John. vol. II.: the first year of King John. Palgrave hat nur einen Teil der Plea Rolls aus der Zeit Richards I. ediert. Die Ergänzung der Lücken hat die Pipe Roll Society übernommen. In ihrem Auftrag publizierte Maitland 1891 Three Rolls of the Kings Court in the Reign of King Richard the first, a. d. 1194—1195. Maitland verdanken wir außerdem die Ausgabe der Select Pleas of the Crown I. in den Publikationen der Selden Society, vol. I. 1887, eine Sammlung von placita coronae von 1200—1225, das heißt von Kriminalrechtsfällen, die der königlichen Gerichtsbarkeit vorbehalten waren, mit Einleitung und Übersetzung. Ausgewählte Zivilrechtsfälle aus den Jahren 1200—1203 veröffentlichte William Paley Baildon, Select civil Pleas vol. I. 1900 (Selden Society vol. III.). Eine Sammlung von Rechtsfällen aus der Zeit Heinrichs III., die auf Grundlage der amtlichen rotuli für den persönlichen Gebrauch des Juristen Bracton verfaßt wurde, werden wir unten (S. 41) als Bracton's Note Book kennen lernen. Pleas of the Crown for

---

[1] Maitland, Select Pleas of the Crown I Introduction, p. 10.

the County of Gloucester (1221) edierte Maitland 1884, Extracts from the Plea rolls (1294—1307) Wrottesley 1888 (Salt Archaeol. Society for Stafford). Select Pleas of the Forest, placita forestae, das heißt Inquisitionen und Verhandlungen über Jagd- und Forstdelikte, aus dem dreizehnten Jahrhundert bietet mit einer Einleitung über Forstrecht, Forstverwaltung, Forstgerichtsbarkeit und mit einem Glossar zur Erläuterung der technischen Ausdrücke G. J. Turner, Select Pleas of the Forest 1901 (Selden Society vol. XIII.). Select Cases from the Coroners' Rolls aus den Jahren 1265—1413 mit einem Abriß der Geschichte des Amtes der Coroner[1] Charles Gross 1896 (Selden Society vol. IX.). — Von Ausgaben der Fines sind hier zu verzeichnen: Fines sive Pedes finium, sive finales concordiae (1195—1214) ed. Hunter 1835; Excerpta e rotulis finium in turri Londinensi asservatis (1216—1272) ed. Roberts 2 vols. 1836; Feet of fines of the Reign of Henry II. and of the first seven years of the Reign of Richard I. (1182—1196) 1894 (Pipe Roll Society vol. XVII.); Feet of fines of the Reign of Richard I., years 7—10 (1196—1199) 1896—1900 (Pipe Roll Society vol. XXI, XXIII, XXIV).

Auch die grundherrlichen Gerichte (manorial courts) begannen in der ersten Hälfte des dreizehnten Jahrhunderts Register über ihre Entscheidungen zu führen. Select pleas in Manorial and other Seignorial Courts aus der Zeit Heinrichs III. und Eduards I. edierte in den Publikationen der Selden Society (vol. II.) Maitland 1889 mit einer für die Geschichte der grundherrlichen Gerichtsbarkeit bedeutsamen Einleitung. Auszüge aus den rolls der Curia episcopi Eliensis apud Littleport für die Jahre 1285—1327 enthält als fünften Abschnitt die Publikation: The Court Baron

---

[1] Coroner waren Beamte der County, die neben dem Sheriff standen (custodes placitorum coronae) und zu achten hatten auf alles, was die Verwaltung der Kriminaljustiz anging und auf die dem König daraus gebührenden Gefälle und Einkünfte. Siehe Gross, Early History of the Office of the Coroner, New York 1892.

together with Select Pleas from the Bishop of Ely's Court of Littleport ed. by Maitland and Baildon 1891 (Selden Society vol. IV.). Die ersten vier Abschnitte dieser Publikation bringen Formulare für grundherrliche Gerichtsverhandlungen und gerichtliche Akte [1].
Die Theorie der Kronjuristen stellte den Grundsatz auf, daß alle aus der öffentlichen Gerichtsbarkeit und der Friedensbewahrung folgenden Rechte nur dem König zustehen können, außer ihm nur demjenigen, der sie durch dessen Verleihung erworben hatte. Unter diesem Gesichtspunkte wurden unter Heinrich III., vornehmlich aber unter Eduard I. amtliche Inquisitionen vorgenommen, welche die von den Grundherren tatsächlich ausgeübten Rechte konstatieren sollten. Die Ergebnisse dieser Untersuchungen verzeichnen die Hundred Rolls, herausgegeben als Rotuli Hundredorum tempore Henrici III. et Eduardi I., London, 2 vols. 1811—1818. Daraufhin wurden von Amtswegen Prozesse eingeleitet, worin die Grundherrn den Vertretern der Krone gegenüber sich ausweisen sollten, quo warranto — auf welchen Rechtstitel hin — sie königliche Rechte auszuüben wagten. Darüber berichten die Placita de quo warranto, herausgegeben London 1818. Nach einem Zugeständnis Eduards I. von 1290 sollte in Ermanglung einer königlichen Verleihungsurkunde ein hundertjähriger Besitzstand als genügender Rechtstitel angesehen werden [2].

Zahlreiche Records harren in den englischen Archiven noch der Veröffentlichung. Für die Masse des ungedruckten Materials dienen als Wegweiser: Ewald, Our public records, a brief handbook to the national archives 1873, Walter Rye, Records and record searching 1888. Scar-

---

[1] 1. La Court de Baron, ein Traktat in anglofranzösischer Sprache aus dem dreizehnten Jahrhundert. 2. De placitis et curiis tenendis von John von Oxford. 3. Modus tenendi curias, um 1307 von Sir John von Longueville gesammelt und glossiert. 4. Curia de visu franciplegii vom Jahre 1340.

[2] Vgl. Maitland in den Erläuterungen zu seiner Ausgabe der Select Pleas in Manorial Courts I, p. 17 ff.

gill-Bird, Guide to the principal documents in the Public Record Office 2. ed. 1896.

3. Reports, das sind literarische Aufzeichnungen, die nicht wie die Records zum Zweck amtlicher Fixierung gerichtlicher Akte verfaßt werden, sondern n.it nebensächlicher Berücksichtigung der konkreten Tatsachen des einzelnen Rechtsfalles die für die Rechtspraxis erheblichen Gesichtspunkte einer Gerichtsverhandlung zur Kenntnis bringen wollen. Sie enthalten daher nur eine kurze Erzählung der Fakta, auf die in den Records das Hauptgewicht gelegt wird, ausführlicher dagegen die Argumente der Parteien und die Urteilsgründe[1]. Die älteren Reports sind jedenfalls Privatarbeiten und nicht das Werk amtlich bestellter und besoldeter Berichterstatter. Die Reports aus der Zeit von Edward II. bis Heinrich VIII. sind, von einzelnen Lücken abgesehen, unter dem Namen Year Books gedruckt. Die erste Gesamtausgabe erschien 1679. Über die Mängel der älteren Editionen siehe Cooper, An Account of the most important public records, 1832, II, 391 ff. Ältere Reports aus der Regierungszeit Edwards I. (20—22, 30—35) und Edwards II. (11—14) sind mit englischer Übersetzung des anglofranzösischen Textes in den Rerum Britannicarum medii aevi scriptores herausgegeben unter dem Titel: Year Books of the Reign of King Edw. I. (respective Edw. II,) edited and translated by Alfr. J. Horwood (resp. L. O. Pike) 1863 ff. Eine kritische Ausgabe älterer Year Books hat kürzlich die Selden Society in Angriff genommen. Davon sind bis jetzt vier Bände erschienen. Sie betreffen die Jahre 1, 2, 3, 4 Edw. II. (1307—1310) und sind von Maitland (Band 4 von Maitland und Turner) herausgegeben 1903—1907, vol. XVII, XIX, XX, XXI der Publications of the Selden Society. Über Handschriften, Ausgaben und Charakter der

---

[1] Vgl. Pollock, A first Book of Jurisprudence 1896, S. 274 f., Luke Owen Pike, An Action of Law in the Reign of Edw. III., the Report and the Record, in der Harvard Law Review VII 266 (1894), auch in den Select Essays II 597 und die Einleitungen Maitlands in seinen Ausgaben von Year Books, insbes. 1, 2 Edw. II., p. 11 ff.

Year Books handelt Holdsworth, The Year Books in den Select Essays II, 96 ff.

III. Die Rotuli Scaccarii. Von den bereits oben S. 24 erwähnten Schatzrollen ist aus der Regierungszeit Heinrichs II. eine geschlossene Reihe erhalten, die uns wertvolle Einblicke in die Geschichte vor Heinrichs großen Rechtsreformen eröffnet. Zum Teil sind sie von der Rekordkommission ediert, zum Teil ist ihre Veröffentlichung von der Pipe Roll Society in Angriff genommen worden, welche zu dem Zwecke gebildet worden ist, die Pipe Rolls und verwandte Denkmäler aus der Zeit vor 1200 herauszugeben. Erschienen sind: The Great Rolls of the Pipe for 2, 3, 4 Henry II, 1155—1158, ed. Hunter 1844; ferner die Great Rolls von 1158—1178, publiziert 1884—1907 von der Pipe Roll Society. Der dritte Band enthält eine Einleitung in das Studium der Pipe Rolls. Es schließen sich der Zeit nach an: The Great Rolls of the Pipe for 1 Richard I, 1189—1190, ed. Hunter 1844; Rotulus Cancellarii vel antigraphum Magni Rotuli Pipae de tertio anno regis Johannis (1201, 1202), 1833. —

Von sonstigen Rotuli sind zu nennen: die Rotuli de dominabus et pueris et puellis de donatione regis (betreffend Lehen unter der Lehnsvormundschaft des Königs), ed. Grimaldi 1830, die Rotuli de Liberate ac de Misis et Praestitis regnante Johanne, cur. Th. Duffus Hardy 1844, Rotuli de Oblatis et Finibus .. temp. Regis Iohannis accur. Th. Duffus Hardy 1835. Die Eintragungen der Liberate Rolls, welche sich auf die Anlehen der englischen Könige bei italienischen Kaufleuten im dreizehnten und vierzehnten Jahrhundert beziehen, sind erläutert und zusammengestellt in einer Abhandlung von E. A. Bond, Extracts from the Liberate Rolls, im 28. Bande der von der Society of Antiquaries of London herausgegebenen Archaeologia (1840). Der Aufsatz liefert beachtenswerte Aufschlüsse über das Kreditwesen des englischen Königtums und zugleich wertvolles Material zur Geschichte der Wertpapiere.

IV. Rechtsbücher. 1. Der Dialogus de Scaccario,

genauer De neccessariis observantiis Scaccarii dialogus, eine als Dialog geschriebene Abhandlung über die Zusammensetzung und Verwaltung des königlichen Schatzamtes, in welcher auch für Privat- und Prozeßrecht Ausbeute zu finden ist. „Sie gibt ein Zeugnis von der frühreifen Entwicklung der Verwaltungstechnik in dem normannischen Staatswesen, ein merkwürdiges Dokument des Geistes der Zentralisation und der Beamtenanschauung vom Staat, wie man ein ähnliches im Mittelalter vergeblich suchen wird." (G n e i s t, Verwaltungsrecht I, 201). Der Dialogus wurde 1178 oder Anfang 1179 von Richard Fitz-Nigel, Archidiakon von Ely und später Bischof von London, verfaßt. Sohn eines höheren Schatzbeamten war der Verfasser in der Atmosphäre des Schatzamtes aufgewachsen, in welchem er durch vierzig Jahre das Amt eines Schatzmeisters verwaltete. Seine Mitteilungen beruhen auf genauer Kenntnis der im Scaccarium üblichen Praxis und sind dazu bestimmt, den Schatzkammerbeamten zur Richtschnur zu dienen. Doch ließ sich der Verfasser durch das Streben nach Systematisierung und aus politischen Rücksichten zu sachlichen Angaben verleiten, die mit der Wirklichkeit nicht übereinstimmen. Der Dialogus ist anhangsweise gedruckt in dem tiefgründigen Werke von M a d o x, The History and Antiquities of the Exchequer of the Kings of England, London 1711 und 1769. Einen Abdruck mit etwas gereinigtem Text lieferte S t u b b s in den Select Charters. Stark verbessert ist der Text in der jüngsten kritischen Ausgabe von Arthur H u g h e s, C. G. C r u m p und C. J o h n s o n: De neccessariis observantiis Scaccarii dialogus 1902, mit Einleitung und reichhaltigem Kommentar. Eine sorgfältige Untersuchung über den Verfasser, über Entstehung und Charakter des Werkes nebst gedrängter Inhaltsangabe gab F. L i e b e r m a n n, Einleitung in den Dialogus de Scaccario, 1875.

2. Glanvillas Traktat, das erste klassische Rechtsbuch Englands und zugleich „der erste Versuch wissenschaftlicher Bearbeitung des einheimischen Rechtsstoffs im modernen

Europa"[1]. Der landläufige Titel des Werkes: Tractatus de legibus et consuetudinibus regni Angliae tempore Regis Henrici secundi compositus, iustitiae gubernacula tenente Ranulfo de Glanvilla, ist jedenfalls nicht ursprünglich und erst etliche Zeit nach dem Tode Heinrichs II. entstanden[2]. Die Entstehungszeit des Werkes fällt in die Tage zwischen dem November 1187 und dem 6. Juli 1189. Der Verfasser Ranulf von Glanvilla war 1180—1189 Capitalis Iustitia Angliae und sicherlich nicht unbeteiligt an den Reformen Heinrichs II[3]. Der Eingang des Prologs ist dem der Institutionen Justinians nachgebildet. Der Traktat, der in 14 Bücher zerfällt, beschränkt sich auf eine präzise und lichtvolle Darstellung des königsgerichtlichen Verfahrens, wie es sich auf Grund jener Reformen gestaltet hatte. Das Recht der örtlichen Gerichte (der County- und Manorial Courts) darzustellen lehnt der Verfasser als außerhalb seiner Aufgabe liegend ausdrücklich ab. Glanvillas Traktat wurde zu Beginn des dreizehnten Jahrhunderts ins Französische übersetzt und nach 1250 mit Rücksicht auf die eingetretene Fortbildung des Rechtes umgearbeitet[4]. Auf Glanvilla beruht das nach seinen Anfangsworten sogenannte schottische Rechtsbuch „Regiam Majestatem", das wohl zwischen 1200 und 1230 verfaßt wurde.

Die in Deutschland zugänglichste Ausgabe von Glanvillas Traktat steht im zweiten Bande von Phillips'

---

[1] Gundermann, Das Englische Privatrecht 1864, S. 61.

[2] „Tempore regis Henrici secundi" hätte der Verfasser der Titelüberschrift sicherlich nicht gesagt, wenn Heinrich II. damals noch lebte. Vielleicht enthielt die älteste Bezeichnung des Traktates die Worte „leges Anglicanae". Dafür scheinen die Worte des Prologs (leges namque Anglicanas usw.) und scheint Roger von Hoveden II 215 zu sprechen, der unter den „leges quas Anglicanas vocamus" wohl den Traktat Glanvillas meint. Klarheit wird hoffentlich Leadams Ausgabe bringen.

[3] Glanvillas Autorschaft wird angezweifelt, so von Pollock und Maitland, History of English Law I 142, die vermuten, daß Hubert Walter, Glanvillas Verwandter und Sekretär, das Rechtsbuch verfaßt habe.

[4] Maitland, Glanvill revised, Harvard Law Review VI 1.

englischer Rechtsgeschichte. Er findet sich auch in Houard's Traités sur les Coutumes Anglo-Normandes I. Selbständige Ausgaben erschienen in England 1604, 1675, 1680. Eine englische Übersetzung mit Anmerkungen lieferte J. Beames 1812. Eine neue und kritische Ausgabe ist dringendes Bedürfnis. Vorbereitet wird eine solche von Leadam für die Publikationen der Selden Society. Das Rechtsbuch Regiam Majestatem steht bei Houard, Coutumes Anglo-Normandes II 36 ff., synoptisch mit Glanvilla in den Acts of the Parliament of Scotland I 135.

3. Henrici de Bracton Tractatus oder Summa de legibus et consuetudinibus Angliae. Der Verfasser, Heinrich von Bratton (nach einem Dorfe Bratton in Devonshire), war Geistlicher und englischer Königsrichter unter Heinrich III. Er begegnet uns zuerst im Jahre 1245 als Reiserichter, von 1248—1267 als Assisenrichter in den südwestlichen Grafschaften Englands. Seine ständigen Funktionen hatte er als Königsrichter in den Placita coram ipso rege (quae sequuntur regem), also in der alten eigentlichen curia regis. In dem Bancum regis zu Westminster hat er nicht gesessen. Er starb 1268. Sein Name, dessen unrichtige Schreibung er gelegentlich als ein Beispiel für die Ungültigkeit eines Writ anführt, wurde von den Abschreibern vielfach entstellt. Folge solcher Entstellung ist es, daß er als Bracton in der Nachwelt fortlebt. Der Traktat, der in fünf Bücher zerfällt, ist äußerlich und innerlich nicht zur Vollendung gelangt. Mitten in der Darstellung des Breve de recto bricht er ab; aber auch soweit er vorliegt, hat er die abschließende Revision nicht mehr erfahren, die ihm der Verfasser zugedacht hatte. Bracton muß seine Arbeit im wesentlichen vor 1259 beendigt haben. Die Pause, die er dann eintreten ließ, hat ihren Grund vielleicht darin, daß ihm von 1258 ab amtliche Gerichtsprotokolle nicht mehr zur Verfügung standen, die er bis dahin benutzt hatte. Die gerichtlichen Entscheidungen, die der Traktat verwertet, stammen fast ausschließlich aus der Zeit bis 1240, und zwar sind es mit wenigen Ausnahmen Entscheidungen der könig-

lichen Richter Martin Pateshull und Wilhelm Raleigh, so daß man nicht mit Unrecht sagen durfte, Bractons Tractat sei eine Darstellung des englischen Rechts auf Grund der Rechtspflege jener beiden Richter. Wie Glanvilla, den er benutzt hat, will Bracton das Recht und Verfahren des Königsgerichts und der missatischen Gerichte zur Darstellung bringen. Er lieferte die eingehendste Arbeit über englisches Recht, welche das Mittelalter aufzuweisen hat, „the crown and flower of English mediaeval jurisprudence" (Maitland). Sie zeichnet sich durch reiches kasuistisches Detail und durch sorgfältige Verarbeitung von Rechtsfällen aus, deren nicht weniger als 494 allegiert werden. Nach beiden Richtungen hin hat die englische Jurisprudenz in Bracton ihren ersten typischen Vertreter gefunden, ebenso in der ihm eigentümlichen scharfen, aber gesunden Rechtslogik. In einem andern Punkte dagegen ist Bracton eine vereinzelte Erscheinung der englischen Rechtsliteratur, nämlich hinsichtlich des Einflusses, den er dem römischen Rechte — insbesondere im ersten Buche seines Traktats — auf die Darstellung des nationalen Rechts einräumt. Das römische Recht hatte in England während des zwölften Jahrhunderts namentlich durch Vacarius eine zwar vorübergehende, aber sorgfältige Pflege erhalten. Die Lehre desselben hat die älteren englischen Rechtsbücher bezüglich der Schärfe juristischer Auffassung und der Behandlungsmethode unverkennbar beeinflußt. Bei keinem englischen Juristen macht sich aber die erste Frische dieses Impulses so deutlich geltend wie bei Bracton. Die Definitionen allgemeiner Rechtsbegriffe, die Einteilungen, die Terminologie bei Bracton weisen vielfach auf das römische und kanonische Recht zurück, dessen Kenntnis er unmittelbar aus dem Corpus iuris civilis, dem Dekret und den Dekretalen, aus Bernhard von Pavia und Tancred und vor allem aus Azo's Summa zum Codex und zu den Institutionen schöpfte[1]. Äußerst selten sind aber die Fälle,

---

[1] Die Stellen, in welchen Bracton aus Azo schöpfte, gibt synoptisch Maitland: Select Passages from Bracton and Azo 1894 elden Society vol. VIII).

wo Bracton infolge romanistischer Auffassung den Boden des in England praktisch geltenden Rechts verläßt. Eine Ausgabe des Rechtsbuchs erschien zuerst 1569 in Folio und wurde 1640 unverändert in 4° abgedruckt. Sie wollte den handschriftlich überlieferten Text möglichst vollständig geben und nahm nachträgliche Zusätze, von welchen Bractons Werk nicht frei blieb, in den Text auf, ohne sie als solche kenntlich zu machen. Eine neue Ausgabe mit Quellennachweisungen, Parallelstellen und englischer Übersetzung lieferte Travers Twiss in 6 Bänden 1878 ff. Doch hat sie für die Textkritik nicht geleistet, was füglich erwartet werden durfte, da maßgebende Handschriften nicht verwertet worden sind. Nachdem sie eben erschienen war, entdeckte man auf dem British Museum eine Sammlung von ungefähr 2000 Rechtsfällen aus der Zeit Heinrichs III., welche von Bracton bei Abfassung seines Traktats benutzt und höchst wahrscheinlich von ihm oder nach seinem Diktat mit zahlreichen Randbemerkungen versehen worden ist. Sie ist als Bracton's Note Book 1887 von Maitland mit inhaltvollen Anmerkungen herausgegeben worden und mit einer Einleitung des Herausgebers, welche treffliche Ausführungen über Bractons Leben und Wirksamkeit und über die Entstehungsgeschichte seines Traktats enthält. Vgl. Vinogradoff (Entdecker der Handschrift des Note-Book) im Athenaeum vom 19. Juli 1884 und in der Law Quarterly Review vol. I; Güterbock, Henricus de Bracton und sein Verhältnis zum römischen Rechte, 1862 (englisch von Coxe 1866); Scrutton, Roman Law in England S. 79 ff. Pollock and Maitland, History of English Law I 185 ff.

4. Fleta seu commentarius iuris Anglicani, die Arbeit eines unbekannten Juristen, welche der Abfassung im sogenannten Fleetgefängnis ihren Namen verdankt (Tractatus . . . Fleta merito appellari poterit, quia in Fleta . . . fuit compositus). Sie entstand um das Jahr 1290. Zum größten Teile enthält sie einen oft wörtlichen Auszug aus Bracton, den sie etwa auf ein Drittel seines Umfangs reduziert. Doch benutzt sie die seit Bracton erlassenen Gesetze

und ergänzt ihn auch sonst in wesentlichen Punkten namentlich für die grundherrliche Gerichtsbarkeit. Das Werk hatte keinen durchschlagenden Erfolg. Es wurde 1647 und 1685 gedruckt. Beiden Ausgaben ist die wertvolle Dissertatio historica ad Fletam von Selden angehängt. Vgl. Twiss bei Bracton VI, introduction p. 18; Nichols, Britton I, introd. p. 25 f. Einen unvollständigen Abdruck bietet Houard, Traités sur les coutumes Anglo-Normandes III.

5. Das Rechtsbuch des Gilbert von Thornton „Summa de legibus et consuetudinibus Angliae usw." von etwa 1292. Der Verfasser war Oberrichter des King's Bench von 1289 bis 1295 und wollte, wie er selbst angibt, aus Bractons weitläufigem Werke ein Kompendium schaffen. Die eingangs verheißene Berücksichtigung der nachbractonischen Gesetzgebung wird in dem Werke selbst vermißt. Es ist nicht gedruckt und auch handschriftlich verschollen. Nachrichten darüber gibt Selden in seiner Dissertatio ad Fletam.

6. Selbständiger als die zwei genannten Werke verhält sich zu Bracton ein unter dem Namen Britton gangbares Rechtsbuch, welches man mitunter grundlos für ein Exzerpt aus Bracton oder für eine Umarbeitung desselben ausgegeben hat. Nach den Untersuchungen des neuesten Herausgebers verdankt es seine Entstehung dem historisch beglaubigten Projekte Eduards I., das englische Recht etwa nach Art der Institutionen zusammenstellen zu lassen. Das Werk ist nicht in der Weise eines Rechtsbuches abgefaßt, sondern führt seine Rechtssätze durch die Autorität des Gesetzgebers ein (nous voloms, nous grauntoms usw.). Der Verfasser war vermutlich ein im Dienste der Krone beschäftigter Clerk. Da das Statut Quia emptores terrarum, 18 Ed. I als une novele constitution zitiert wird, muß Britton bald nach 1290 entstanden sein und zwar etwas später als die Fleta, die er neben Bracton benutzt. Er ist das älteste englische Rechtsbuch in französischer Sprache. Die früheren Ausgaben von 1540 und 1640 sind überflüssig geworden durch die sorgsame Edition von Nichols, Oxford 1865 (2 vols.), mit englischer Übersetzung, mit Verweisungen auf die Pa-

rallelstellen Bractons, der Fleta und der Statuten und mit Glossar und Index.

7. Traktate geringeren Umfangs sind die Summa magna und die Summa parva von Ralph von **Hengham**, gleichfalls aus der Zeit Eduards I., welche Bractons Werk in der Lehre von den Defaultes und Essoines[1] ergänzen wollen. Sie sind abgedruckt als Anhang der Ausgabe von Fortescue, De laudibus legum Angliae (siehe unten S. 53) 1737.

8. Die Ausgaben der Fleta bringen im Anschluß an das letzte Kapitel dieses Rechtsbuchs eine anglofranzösisch geschriebene Abhandlung in 50 Paragraphen prozeßrechtlichen Inhalts. Sie beginnt mit den Worten: „Fet assaver", die auch an der Spitze der einzelnen Paragraphen häufig wiederkehren, und nach welchen sie zitiert wird.

9. Der **Mirrour a Justices** (Richterspiegel), auch Liber Justiciariorum genannt, ein rätselvolles Rechtsdenkmal, das wahrscheinlich zwischen den Jahren 1285 und 1290 abgefaßt worden ist. Dem Texte gehen fünf lateinische Verse voraus, deren Verfasser sich im letzten als Andreas Horn bezeichnet. Von einem Andreas Horn, der 1320 Chamberlain der City von London wurde, wissen wir, daß er 1328 der Londoner Gildhalle neben anderen Büchern sein Exemplar des Liber Justiciariorum vermachte. Den Verfasser kennen wir nicht. Andreas Horn war es kaum. Die Handschrift, auf welche alle vorhandenen zurückgehen, ist nicht das Original, sondern Kopie von der Hand eines flüchtigen Abschreibers, dem gelegentlich eine ganze Zeile in der Feder blieb[2]. Der Mirrour enthält ein buntes Gemisch von „Dichtung und Wahrheit". Er ist das Werk eines juristischen Dilettanten, der als Frondeur im Dünkel des Besserwissens das Recht, wie es nach seinem Kopfe sein

---

[1] Défaut, defaulte (defectus, defalta) ist Säumnis des Vorgeladenen, Essoine (essonium von sunnis) die Entschuldigung des Ausgebliebenen (echte Not).

[2] In liber IV, ch. 4 ist am Schluß in der vorletzten Zeile hinter dem Worte: Femmes, eine Zeile ausgefallen, was dem neuesten Herausgeber entging.

sollte, als althergebrachtes darstellte, dabei seiner wilden Phantasie die Zügel schießen ließ und für die geschichtliche Entstehung einzelner Rechtsinstitute alberne Fabeln erdichtete. Wie weit das Werk namentlich in Materien, die über das Verständnis des Laien nicht hinausgehen, brauchbare Angaben enthält, bedürfte noch einer Spezialuntersuchung, die sich freilich als ziemlich undankbar erweisen könnte. Der Mirrour zerfällt in fünf Bücher, von welchen das letzte „De abusions" vermeintliche Rechtsmißbräuche im Hinblick auf das Common Law, die Magna Charta, die Statuten von Merton und Marlborough und die Statuten Edwards I. bis 1285 kritisiert. Das Werk wurde von englischen Juristen und zwar von Edward Coke an bis zum jüngsten Herausgeber von Reeves, History of English Law in seinem vollen Inhalt ernst genommen und hat dadurch in der Literatur der englischen Rechtsgeschichte viel Unheil angerichtet. Der Mirrour wurde 1642 gedruckt. Eine englische Übersetzung gab William Hughes 1646, wieder abdruckt 1768 und 1880. Die ersten vier Bücher brachte Houard im vierten Bande seiner Traités. Die neueste Ausgabe lieferte W. J. Whittaker 1897 in den Publikationen der Selden Society (vol. VII). Sie enthält eine kritische Einleitung von Maitland.

V. Fast unübersehbar, nur zum Teil gesichtet und zu noch geringerem Teile publiziert sind die stadtrechtlichen Quellen Englands. Nicht selten begegnen uns darin Rechtssätze und Rechtsanschauungen, die auf angelsächsisches Recht zurückgehen und innerhalb der Stadtmauern von der Überflutung Englands durch das normannische Recht verschont geblieben sind. In ihrer bunten Mannigfaltigkeit lassen sich die Quellen des Stadtrechts nicht unter die vier voranstehenden Rubriken erschöpfend verteilen. Auch liegt ein näheres Eingehen auf die Quellen der örtlichen Rechte nicht im Rahmen dieser Skizze. Eine systematische Zusammenstellung der englischen Rechtssätze, die in den Stadtgerichten Englands, Schottlands und Irlands während des Mittelalters laut den Quellen in Übung waren, gibt uns Miss Mary

Bateson, Borough Customs in zwei Bänden der Publikationen der Selden Society 1904, 1906, vol. XVIII, XXI. Ebenda I, p. 18 ff. ein Verzeichnis von ungedruckten und von gedruckten Stadtrechtsquellen. Dazu Gross, Bibliography of British Municipal History 1897. Eine Auswahl von städtischen Handfesten bietet Stubbs in seinen Select Charters. Literatur über die Rechtsgeschichte dieser Periode: Matthew Hale, History of the Common Law, 2 vols. 8⁰., ein unvollendetes Werk, aus des Verfassers Nachlaß herausgegeben von Runnington, 6. Aufl. 1820; als Anhang ist Hales Analysis of the civil part of the Law beigegeben. J. Reeves, History of the English Law from the time of the Saxons to the end of Philipp and Mary, 4 Bde., in 3. Aufl. 1814, dazu ein 5. Bd. unter dem Titel: History of the English Law from the time of the Saxons to the end of the Reign of Elizabeth, V. vol., containing the Reign of Elizabeth, 1829. Es ist dies das gründlichste und ausführlichste Werk, das die englische Rechtsgeschichte über das Mittelalter hinausführt, während es für das Mittelalter selbst schon durch die neueren Quellenpublikationen überholt ist. Eine neueste Ausgabe veranstaltete Finlason 1869 in drei Bänden, indem er den Text des Reeves mit wertlosen Noten versah und sich willkürliche Änderungen in der Verteilung des Stoffes erlaubte. Vgl. über diese Ausgabe: Heinrich Brunner in der Kritischen Vierteljahrsschrift XIII 228 und in der American Law Review vom Oktober 1873 vol. VIII 138. Phillips, Englische Reichs- und Rechtsgeschichte seit der Ankunft der Normannen, 2 Bde. 1828 (reicht nur bis 1189). Crabb, History of the English Law 1829, übersetzt von Schäffner 1839, etwas dünn und oberflächlich. v. Savigny, Geschichte des römischen Rechts im Mittelalter, 2. Aufl. IV 1850, Anhang 24. Stubbs, Constitutional History of England endet in dem dritten Bande mit dem Tode Richards III. Eingehende Behandlung finden die Quellen des Common Law mit vorzüglicher Rücksicht auf Privatrecht und Gerichtswesen bei Gundermann, Englisches Privatrecht I 1864 (Einleitung). Unter dem staatsrechtlichen Gesichtspunkte gruppiert die Quellen Gneist in den Anmerkungen auf Seite 56 und 137 seiner Geschichte der englischen Kommunalverfassung und des Selfgovernment I 1883. Glasson, Histoire du droit et des institutions politiques, civiles et judiciaires de l'Angleterre 1882 ff. 6 Bde. läßt wünschenswerte Vertiefung vermissen. Zur vollen Höhe erhebt sich für die Zeitalter Glanvillas und Bractons Pollocks und Maitlands, History of English Law 1898. Eine Übersicht über die Rechtsquellen des Mittelalters bietet Maitland in seinen Materials for the History of English Law, Political Science Quarterly (1889) IV 496 ff. (auch in den Select Essays II 53 ff.). Daß sie in manchen Beziehungen veraltet sind, beruht zum guten Teil auf des Verfassers eigenen neueren Arbeiten, von welchen besonders die rechtshistorischen Ausführungen beachtenswert sind, die er seinen Quelleneditionen in den Publikationen der Selden Society vorausgeschickt hat. — A. F. Carter, Outlines of the English Legal History 1899.

Zur Geschichte des Immobiliarrechts siehe K. E. Digby, An Introduction to the History of the Law of real property, 5. ed. 1897, Sir Fr. Pollock, The Land Laws 1896. Derselbe, Das Recht des Grundbesitzes in England, übersetzt von E. Schuster 1889. Zur Geschichte des Prozeßrechts Bigelow, History of Procedure in England, Norman period 1880 und H. Brunner. Entstehung der Schwurgerichte 1872. J. B. Thayer, A preliminary treatise on Evidence at the Common Law 1896. Zur Geschichte des Strafrechts und des Strafprozeßrechts Sir James F. Stephen, History of the Criminal Law, 3 vols. 1883, Luke Owen Pike, History of Crime, 2 vols. 1873 ff. Die Geschichte der Gerichtsverfassung (History of the Courts and of the Jurisdiction exercised by them) behandelt bis zur Gegenwart der erste Band von W. S. Holdsworth, A History of English Law 1903.

Brauchbare Notizen liefert die Bibliotheca legum Angliae, part II, containing a general account of the Laws and Law-Writers of England from the earliest times to the Reign of Edw. III., compiled by Edw. Brooke, London 1788. Wertvolles Material zur Quellengeschichte findet man bei Cooper, An Account of the most important public records of Great Britain and the publications of the Record Commissioners, London 1832, 2 Teile. F. S. Thomas, Handbook to the public records, 2 vols. 1853.

Dritter Abschnitt.
Die englischen Rechtsquellen seit dem 14. Jahrhundert bis Blackstone.

Seit Eduard III. (zuerst 1340) erscheint das Chancery, der Kanzler mit seinem Beamtenstab, als besonderes Organ einer Billigkeitsjustiz, einer remedial jurisdiction für Rechtsfälle, in welchen das ius commune keinen oder keinen genügenden Rechtsschutz gewährte. Wie schon der angelsächsische König die Befugnis hatte das strenge Recht zu mildern [1], wie der fränkische König das Recht besaß, Streitsachen im Königsgerichte secundum aequitatem entscheiden zu lassen und wie das spätrömische Recht die Anwendung der aequitas dem consistorium principis vorbehalten hatte, so übte auch der anglonormannische König — seit dem dreizehnten Jahrhundert im Staatsrat (council) — die Billigkeitsjustiz. Als eine Abspaltung des Council löste sich von diesem die Kanzlei, deren Amt es von Alters her gewesen war in consimili casu neue Writs zu gewähren (siehe oben S. 30), als ein Gerichtshof für das Billigkeitsrecht ab, der im Laufe der Zeit unter fortwährender Berücksichtigung der Präjudizien (lex cancellariae) feste Gestalt annahm und nicht nur ein administratives, an das kanonische Prozeßrecht sich anlehnendes Verfahren ohne Jury, sondern auch auf dem Gebiete des Privatrechts ein dem ius commune als ius honorarium gegenüberstehendes System der Equity zur Ausbildung brachte. „England hat dadurch die notwendige Ergänzung seines Privatrechts erhalten, welche sich in Deutschland aus der Rezeption des römischen Rechtes ergab", eine Bemerkung Gneists (Verfassungsgeschichte S. 335), die in ihrem Kerne einen zutreffenden Gedanken enthält. Die älteren Akten des Chancery sind gedruckt in den ersten zwei Bänden des Werkes: A Calendar of the Proceedings in Chancery in the Reign of Queen Elizabeth, to which are prefixed examples of earlier proceedings in that Court, namely from the Reign of Richard II to that of Queen Elizabeth inclusive 1827 ff. und in der dieses Werk ergänzenden Publikation: Select Cases in Chancery 1364—1471 ed. William Paley Baildon 1896 (Selden Society vol. X). Das Hauptwerk über die Geschichte der Equity ist George Spence, The Equitable Jurisdiction of the Court of Chancery, 2 Bände

---

[1] Edgar III. 2, 1: Gyf þæt riht to hefig sy, sece siþþan da lihtinge to þam cynge. Wenn das Landrecht zu strenge ist, heische er die Erleichterung vom König.

1846. Über einzelne Institute der Equity handelt Oliver Wendell Holmes, Law Quarterly Review I 162 ff., über die Funktionen des Court of Chancery Luke Owen Pike, Common Law and Conscience in the Court of Chancery ebenda I 443. Beide Aufsätze sind in den Select Essays II 703, 722 abgedruckt.

Um die Wende des 15. und 16. Jahrhunderts, also um die Zeit, da in Deutschland die Rezeption des fremden Rechts erfolgte, begann das römische Recht auch in England vernehmlich an die Pforten der englischen Gerichtshöfe zu pochen. Namentlich im zweiten Viertel des 16. Jahrhunderts war die Continuität der englischen Rechtsentwicklung bedenklich bedroht. Daß es gelang, das fremde Recht auf die Dauer abzuwehren, erklärt sich aus dem Zusammenwirken verschiedener Ursachen. Das englische Recht, das damals bereits einen verhältnismäßig hohen Grad technischer Ausbildung erlangt hatte, fand einen Halt an den einheimischen Rechtsschulen[1], in denen es traditionell gelehrt wurde. Die Aufnahme römischer Rechtsgedanken, wie sie namentlich im Zeitalter Bractons erfolgt war, hatte in England „nach Art einer prophylaktischen Impfung gewirkt und das mit ihnen gesättigte nationale Recht widerstandsfähig gemacht gegen zerstörende Infektionen"[2]. Allerdings war es für das englische Recht ein schlimmes Zeichen der Zeit, daß 1535 die Year Books (siehe unten S. 51) aufhörten, in denen bis dahin die Continuität der Rechtssprechung eine wesentliche Stütze besessen hatte. Allein in demselben Jahre verbot Heinrich VIII. das Studium des kanonischen Rechts, welches in Deutschland den eigentlichen Schrittmacher für den Siegeslauf des römischen Rechtes abgegeben hatte.

Als Quellen des gemeinen Rechts im Gegensatz zur Equity kommen für diesen Zeitraum in Betracht:

I. Statutes. Die Reihe der Statuten beginnt zu einer Zeit, da die Grundsätze des englischen Rechts über das ver-

---

[1] Maitland, English Law and the Rennaissance 1901.
[2] H. Brunner, Der Anteil des deutschen Rechtes an der Entwicklung der Universitäten 1896, S. 15.

fassungsmäßige Zustandekommen von Gesetzen noch nicht ausgebildet waren. Mit Rücksicht darauf werden die Statuten eingeteilt in Statuta vetera und nova. Die Grenzlinie bildet der Regierungsantritt Eduards III„ 1327, indem man annimmt, daß seit dieser Zeit der moderne Begriff des Statuts im wesentlichen feststehe. Diese Annahme trifft nicht zu, da die Parlamentsverfassung in ihren Grundzügen schon unter Eduard I. vorlag, während die Parlamentsrechte inbezug auf die Gesetzgebung erst nach Eduard III. ihre ausdrückliche Anerkennung fanden. Dagegen taucht seit Eduard III. eine Scheidung von Statutes und Ordinances auf, darauf beruhend, daß die Parlamentsbeschlüsse, die auf dauernde Geltung berechnet waren, in die amtlich redigierten Statutenrollen (Statute rolls) aufgenommen wurden. Unterblieb die Eintragung in die Statutenrolle, so sprach man von Ordinance im eigentlichen Sinne. In sachlicher Beziehung ist der Begriff der Ordinance schwankend und streitig, indem manche sie als unvollkommenes Statut, andere als vorübergehendes Gesetz auffassen. Das Richtige trifft wohl die Annahme, daß das Verhältnis zwischen Gesetz und Verordnung von Hause aus ein konkurrierendes war. Gneist, Verwaltung, Justiz, Rechtsweg, 1869, S. 62. Wie im deutschen Reiche bis 1654 die auf .einem Reichstage zustande gekommenen Gesetze als Reichsabschied (recessus imperii), so wurden in England die während einer Parlamentssession abgefaßten Gesetze als Statut zusammengefaßt, während der einzelne legislative Akt als Kapitel bezeichnet wurde. Zitiert wird das einzelne Gesetz nach dem König, der es erließ, unter Voranstellung des Regierungsjahrs und mit Hinzufügung der Kapitelziffer. Z. B. 18 Ed. III, c. 7. In den Statuten aus der Zeit der Tudors tritt eine merkliche Entartung und Verwilderung der Sprache ein, die um so diffuser und nachlässiger wird, je mehr die Zahl der Statuten sich häuft. Steigende Bedeutung gewinnen für die Auslegung und Ergänzung der Statuten in dieser Zeit die Parliament Rolls, die Register über die Beschlüsse und wichtigeren Vorgänge des Parlaments. Seit 4 Hen. VII (1485—1509) ist die Gesetzessprache ausschließlich die englische.

Zu den Statutes of the Realm (siehe oben S. 29) ist für die Zeit der Republik als Ergänzung anzuführen: Acts and Ordinances during the Usurpation from 1640 to 1656 by Henry Scobell, London 1658, fol. Die Verhandlungen des Staatsrats, von welchem im vorigen Abschnitte die Rede war, sind herausgegeben von Sir Harris Nicolas als Proceedings and Ordinances of the Privy Council of England, commencing 10 Ric. II (1386) to 33 Hen. VIII (1541), 7 vol. 8°, 1834—1837. Zur Geschichte des Staatsrats vergl. Francis Palgrave, Essay upon the Original Authority of the Kings Council 1834 und A. V. Dicey, Essay on the Privy Council 2. ed. 1887. — Die Parliamentary Rolls sind gedruckt als Rotuli Parliamentorum ut et petitiones et placita in Parliamento (1278—1503), 6 vol. 1764 ff. Dazu ein Index 1832. Mit 1 Hen. VIII beginnen die offiziellen Journals of the House of Lords, mit 1 Edw. VI die Journals of the House of Commons, Vgl. Gneist, Selfgovernment I 256 und Gneist, Das englische Parlament vom neunten bis zum Ende des neunzehnten Jahrhunderts, 1886. — Die neueren Statuten enthalten in Ergänzung der oben S. 29 angeführten Sammlung von Tomlins etc. The Statutes of the United Kingdom of Great Britain and Ireland von Tomlins, Raithby, Simons, Bevan und Rickards usw. 29 vol. (bis 32, 33 Victoria) 1804—1869. Seit 1860 wurde eine Kommission in Tätigkeit gesetzt, welche mit Ausscheidung der aufgehobenen und veralteten Statuten eine gekürzte Ausgabe der Statuten herstellen sollte. Das schließliche Ergebnis dieser Tätigkeit liegt vor in der Second revised Edition of the Statutes, prepared under the direction of the Statutes Law Committee 1888 ff. Von den Ausgaben für den praktischen Gebrauch sei hervorgehoben Chitty's Collection of Statutes of practical utility, arranged in alphabetical and chronological order, 4. ed. 1880, neu aufgelegt und ergänzt von Lely 1894 (5. Aufl.).

II. Gerichtliche Quellen. Das vierzehnte Jahrhundert und die erste Hälfte des fünfzehnten zehrten von dem großartigen literarischen Nachlasse des dreizehnten. Erst in der zweiten Hälfte des fünfzehnten Jahrhunderts tauchten wieder bedeutendere Rechtsbücher auf, welche die alten in Vergessenheit drängten. Um die Fortbildung des Rechts bis zu dieser Zeit zu verfolgen, sind wir fast ausschließlich auf die gerichtlichen Quellen angewiesen.

Da die Zahl der zulässigen Writs (Brevia de cursu) immer mehr anschwoll, regte sich das Bedürfnis, sie zu sammeln. Unter Eduard III. entstand eine solche Sammlung, welche zugleich die Anwendung der Writs beleuchtet und unter dem Namen „Old Natura brevium" bekannt ist. Eine offizielle Formelsammlung erschien als Registrum brevium omnium tam originalium quam iudicialium 1531 dann 1553, 1595, 1687. Einen Auszug hieraus enthält und bearbeitet die oft aufgelegte New Natura brevium von Anthony Fitzherbert (zuerst französisch 1534, in der neunten Auflage 1794 englisch mit einem Kommentar von Lord Hale).

Die Gerichtsprotokolle (Records), welche in diesen Zeitraum fallen, sind noch ungedruckt. Selbst die Abbreviatio schließt mit Edw. II. Der Druck der älteren Records wird namentlich im Hinblick auf das dadurch erleichterte Verständnis der Year Books als wünschenswert bezeichnet. Die Sprache der Records blieb lange Zeit die lateinische, auch dann noch, als 1362 die französische Gerichtssprache durch die englische ersetzt wurde.

Die Reihe der Year Books schließt unter Heinrich VIII. (1535) ab. Reports aus der Zeit Eduards III. edierte Pike in der Fortsetzung von Horwoods Ausgabe der Year Books. Eine rätselhafte Änderung erfolgte seit 1535. An Stelle einer organisierten laut unsicherer Tradition amtlichen Berichterstattung trat eine regellose, vorerst nur durch solche Reporter, die ihre Aufzeichnungen zunächst zum eigenen Privatgebrauch machten und sich dann nachträglich bestimmen ließen sie zu veröffentlichen. Die Bedeutung, die man in England den Präjudizien beilegt, erhellt daraus, daß die juristische Literatur nicht nur für selbständige Arbeiten aus den Reports ihre Nahrung zog, sondern auch sich auf das eifrigste mit der Abfassung, Bearbeitung und Ausnutzung der Reports beschäftigte. Groß ist die Zahl der Reporters und die glänzendsten Namen der englischen Rechtswissenschaft sind unter ihnen vertreten. Von den älteren Reporters genießen Plowden (1578) und Dyer (1585) besondere Achtung. Eine hervorragende Stellung nimmt Edw. Coke ein, der zu solcher Autorität gelangte, daß man noch heute seine Werke ohne Namensangabe anführt, eine Auszeichnung, die kein englischer Jurist mit ihm teilt. Seine Reports umfassen 13 Bände, wovon die zwei letzten nach seinem Tode erschienen. Unter den Reporters nach Coke sind zu nennen Croke, Yelverton, Hobart, Saunders, Vaughan und Levinz. Die Zahl der gedruckten Reports ist fast unübersehbar. Sir Fr. Pollock schätzt den Umfang der gedruckten Reports für England allein auf mehr als 1800 Bände, den der Reports für Großbritannien samt Kolonien und für die Vereinigten Staaten auf 8000 Bände. Eine Liste der Reports und der Abkürzungen, unter welchen sie zitiert werden, gibt Arthur Cane, Tables, Alphabetical and Chronological of all Reports of Cases decided in England, Scotland and Ireland . . . with a List of the usual Modes of Citation compiled under the direction of the Council (of Law Reporting) London 1895. Zur Geschichte der Reports Daniel, History and Origin of the Law Reports 1884, Sir Frederick Pollock, A First Book of Jurisprudence for Students of the Common Law 1896, p. 274 ff. und die Skizze von Van Vechten Veeder, The English Reports, 1292 bis 1865 in der Harvard Law Review XV 1901 (teilweise auch in den Select Essays II 123).

III. **Die juristische Literatur.** Die englische Rechtswissenschaft nahm nach längerer Pause neuen Aufschwung mit dem Werke von Fortescue, De laudibus legum Angliae und mit Littletons Tenures.

1. John Fortescue war zuerst Anwalt gewesen, dann 1442 unter Heinrich VI. Chief Justice of the King's Bench geworden. In den Streitigkeiten der beiden Rosen Anhänger

des Hauses Lancaster wurde er nach dem Siege Eduards IV. von York 1461 wegen Hochverrats verurteilt und flüchtete dann aus England. Um das Jahr 1463 befand er sich mit der Königin und dem Prinzen Eduard im lothringischen Barrois. Wahrscheinlich hier im Exil, aus dem er erst 1471 nach England zurückkehrte, schrieb er für die Erziehung des Thronfolgers sein berühmtes Hauptwerk „De laudibus legum Angliae", dem er die Form eines Gespräches zwischen Kronprinz und Kanzler gab (Fortescue war von Heinrich VI. nominell zum Kanzler erhoben worden. Eduard IV begnadigte ihn 1473 und setzte ihn als Privy Councillor ein). Das Buch verfolgt in populärer Darstellung den doppelten Zweck, die Eigentümlichkeiten und Vorzüge des englischen Rechts im Verhältnis zum römischen klarzustellen und zweitens die Lichtseiten der verfassungsmäßig beschränkten Monarchie im Gegensatz zur despotischen Regierung nachzuweisen. Nicht wenige der von ihm zuerst in prinzipieller Fassung aufgestellten Sätze sind nachmals politische Axiome geworden. Für den Kontinent ist Fortescue von besonderer Bedeutung, denn er ist der divinatorische Vorläufer jener Reihe neuerer Schriftsteller, welche durch den Hinweis auf die Vorzüge des englischen Rechts die Rezeption englischer Institutionen auf dem Kontinente eingeleitet haben. Die geschätzteste ältere Ausgabe des Werkes ist die von 1737 in Folio. Eine neuere Ausgabe erschien 1825 mit Noten von Amos, welche 1874 mit einer englischen Übersetzung von Francis Gregor wieder aufgelegt worden ist (Cincinnati). Eine in englischer Sprache abgefaßte Schrift Fortescue's, On the Governance of England, hat Charles Plummer 1885 herausgegeben; ins Deutsche übersetzt von Walter Parow 1897. Die sämtlichen Werke publizierte Lord Clermont 1869. Über Fortescue vgl. den Artikel Gundermanns in Bluntschli und Braters Staatswörterbuch und Foss, The Judges of England with sketches of their lives IV 215, 308.

2. Eine epochemachende Darstellung aus dem Gebiete des Privatrechts lieferte ein Zeitgenosse von Fortescue, nämlich Thomas Littleton († 1481), in seinen Tenures,

worin er, gestützt auf das in den zahlreichen Reports aufgehäufte Material, die Besitzlehre von Grund und Boden erörtert. Das Werk entstand laut Coke nach dem 14. Regierungsjahre Eduards IV. (1461—1483) und gelangte zu solcher Autorität, daß Coke, welcher es als „the most perfect and absolute work that ever was written in any human science" bezeichnet, bemerken konnte, es sei ihm kein Urteil bekannt geworden, welches sich zu einer Ansicht von Littleton in Widerspruch gestellt hätte. Die älteste Ausgabe wird von manchen in das Jahr 1481 gesetzt; die Tenures wären demnach bald nach Einführung der Buchdruckerkunst in England gedruckt worden. Edw. Coke lieferte eine englische Übersetzung des altfranzösischen Textes sowie einen Kommentar dazu, und in dieser Gestalt beherrschten die Tenures etwa gleich einem Gesetzbuch bis auf Blackstone Praxis und Studium des englischen Rechts. Der altfranzösische Text mit englischer Übersetzung und Noten wurde zuletzt herausgegeben von Tomlins 1841. Von der Ausgabe bei Coke wird später die Rede sein. Vgl. Foss, Judges IV 436, Rigg im Dictionary of National Biography und Digby in der Encyclop. Britannica.

3. Weit verbreitet und oft gedruckt wurde eine Abhandlung von St. Germain, welche unter Heinrich VIII. entstand, der Dialogus de fundamentis legum Angliae et de conscientia, eine Tendenzschrift, die den Gegensatz zwischen dem Court of Chancery und den Gerichtshöfen des Common Law zur Grundlage hat. Sie enthält ein Gespräch zwischen einem Doktor der Theologie und einem Studenten des englischen Rechts, welches zugunsten der Equity die scholastische Philosophie (Johannes Gerson) und das kanonische Recht ins Treffen führt. Der Dialog bildet ein Zeugnis des weitgehenden Einflusses, den das Studium des kanonischen Rechtes auf die englische Rechtsbildung auszuüben begann kurz vor der Zeit, da jenes Studium durch Heinrich VIII. verboten wurde. Der älteste Druck ist von 1523. Das Buch wurde in englischer Übersetzung unter dem Namen Doctor and Student noch sehr oft aufgelegt. Die Auflage

von 1787 führt den Titel: Doctor and Student: or dialogus between a Doctor of divinity and a student in the laws of England concerning the grounds of those laws; together with questions and cases concerning the equity thereof. In 18. Auflage, corrected and improved by William Muchall, 1815. Vgl. Vinogradoff, Reason and Conscience in sixteenth-century jurisprudence, Law Quarterly Review, Oktober 1908.

4. Anthony Fitzherbert, der Verfasser der New Natura Brevium († 1538), hat sich außerdem durch eine Reihe von Spezialarbeiten über die Gerichtsverfassung, namentlich aber durch sein Graunde Abridgement (gedruckt 1514, 1516 und öfter), eine Bearbeitung der Year Books, einen geachteten Namen verschafft. Die Rechtsfälle aus der Zeit Heinrichs III., die er in sein Abridgement aufnahm, schöpfte er fast ausschließlich aus Bractons Note Book (siehe oben S. 41). Seine Arbeit wurde Vorbild für die jüngeren Abridgements der Year-Books, von welchen das von Broke (Chief Justice of the Common Pleas), 1568 und öfter, das jüngste und das bedeutsamste ist.

5. Zwischen 1554 und 1556 schrieb Sir William Staunforde (oder auch „Staundford", † 1558), Englands ältester wissenschaftlicher Kriminalist, ein sehr geschätztes Werk über Strafrecht und Strafprozeß „The Pleas of the Crown", welches sich dadurch auszeichnet, daß nicht bloß die Reports, sondern auch die Rechtsbücher des dreizehnten Jahrhunderts fleißig benutzt sind. Staunforde war es auch, der als der erste Glanvillas Traktat edierte und außerdem eine Abhandlung De prerogativa regis verfaßte, die gewöhnlich den Ausgaben der Pleas of the Crown beigefügt wurde. Vgl. Foss, Judges V 390; Reeves, History of the English Law III 564 ff.

6. Eine vortreffliche summarische Darstellung der englischen Staats- und Rechtsverfassung zu Elisabeths Zeiten lieferte 1565 Sir Thomas Smith in seinem Schriftchen De republica Anglorum, welches unter anderem auch einen Abriß des Zivil- und Kriminalverfahrens enthält. Die sehr

lebendig gehaltene, in Toulouse ohne literarische Hilfsmittel geschriebene Darstellung ist stark mit klassischen Zitaten gewürzt. In dem Bestreben, ein möglichst reines Latein zu schreiben, hat Smith die englischen Rechtsausdrücke durch klassische termini ersetzt, den coroner zum quaestor homicidii, den Friedensrichter zum Eirenarchen, das King's Bench zu subsellia regia gemacht u. dgl. m. Seine Darstellung ist später vielfach von anderen ausgeschrieben worden. Eine neue Ausgabe mit einem Vorwort von Maitland lieferte L. Alston 1906.

7. Die gefeiertste Autorität unter den englischen Juristen wurde Edward Coke, dessen Werke zum Teil schon zur Sprache gekommen sind. Er wurde 1552 geboren, wurde 1594 Attorney general, 1606 Chief Justice of the Common Pleas, 1613 Chief Justice of the King's Bench, verlor aber des Königs Gunst und seine Stellung 1616, zum Teil infolge der Anfechtungen seines Gegners Sir Francis Bacon. Seine Hauptwerke sind die oben genannten Reports und die Institutes of the Laws of England. Letztere, welche 1628 zuerst erschienen und ihren Titel nur sehr uneigentlich führen, bestehen aus vier Teilen. Der erste enthält einen Kommentar zu Littletons Tenures, der sehr oft aufgelegt und u. a. von Hargrave und Butler mit wertvollen Noten versehen wurde. Part II. liefert einen eingehenden Kommentar zur Magna Charta und zu den älteren Statuten, in welchem man systematische Anordnung vermißt. Der dritte Teil gibt eine Darstellung des Kriminalrechts (Placita coronae). Der vierte behandelt die Gerichtsverfassung. Die Institutes zitiert man, indem man der Sigle Inst. die Nummer des Bandes vor-, die Seitenzahl nachsetzt. Was die rein kommentierende Methode überhaupt erreichen kann, hat Coke in vollem Maße geleistet. Seine Werke zeichnen sich durch Gründlichkeit und Gelehrsamkeit, aber nicht gerade durch besonderen Aufwand von Geist aus. Vgl. Foss, Judges VI 108. — Ausg. The Institutes of the Laws of England . . autore Edw. Coke, London 1817, in 6 Bdn. Part I (2 Bde.) mit den Zusätzen von Hargrave und Butler; 19. ed. 1832.

8. Von den Juristen nach Coke und vor Blackstone seien hier nur Matthew Hale, William Hawkins und John Comyns erwähnt. M. Hale († 1676), der unter Cromwell, obgleich Royalist, seiner juristischen Bedeutung wegen Richter im Court of Common Pleas wurde, verfaßte die oben erwähnte History of the Common Law, ferner ein kriminalistisches Werk, History of the Pleas of the Crown (Historia placitorum coronae), zuerst 1739 herausgegeben, dann mit Noten von Dogherty 1800, zuletzt mit einer Biographie des Verfassers von Stokes und Ingersoll 1847 (2 vols.), und die Analysis of the Law, eine Arbeit, welche die Grundlage von Blackstones Commentaries wurde. William Hawkins kommt gleichfalls wegen eines Werkes über Strafrecht und Strafprozeß in Betracht, des Treatise of the Pleas of the Crown or a system of the principal matters relating to that subject, vom Verfasser selbst 1716 herausgegeben, in 8. Aufl. 1824 umgearbeitet von Curwood, mit Nachträgen von Leach. Sir John Comyns († 1740) wird wegen seiner Reports (1744), noch mehr aber wegen des Digest of the Laws of England (1762; 5. Ausg. von Hammond, 8 vols. 1822) gerühmt, welches sich durch Gründlichkeit, Methode und Präzision auszeichnen soll.

9. In ein neues Stadium trat die englische Rechtsliteratur mit den Commentaries on the Laws of England by Sir William Blackstone (geb. 1723, † 1780). Blackstone war zuerst Advokat, betrat aber dann die akademische Laufbahn und erhielt 1758 den Lehrstuhl für englisches Recht, welchen der Rechtsgelehrte Viner, Verfasser eines bänderreichen Abridgment of Law and Equity, an der Universität Oxford dotiert hatte. Später wurde er wieder als Advokat und Parlamentsdeputierter tätig, zuletzt fungierte er als Richter im Court of Common Pleas. Seinen Lebensstellungen entsprechend vereinigte er in seinen Werken den Blick des praktischen Juristen mit der Bildung des Theoretikers. Die Commentaries, welche aus seinen akademischen Vorlesungen herauswuchsen, sind nicht etwa ein Kommentar, sondern eine systematische Darstellung des englischen Rechts. In

der Anlage folgte er Matthew Hale, die staatsrechtlichen Partien lassen den Einfluß Montesquieus nicht verkennen. Der erste Band handelt von den Rights of Persons, der zweite von den Rights of Things (Obligationenrecht eingeschlossen), der dritte von Private Wrongs (Zivilunrecht), der vierte von den Public Wrongs (Verbrechen, Strafen, Strafprozeß). Die übrigen Rechtsmaterien, Staatsrecht, Kirchenrecht, Gerichtsverfassung, werden nicht in der glücklichsten Weise in dieses Schema hineingezwängt. Die erste Auflage der Commentaries erschien 1765; Blackstone selbst hat in den späteren Auflagen daran wenig geändert. Die Klarheit und Durchsichtigkeit der Darstellung, die wissenschaftliche Gründlichkeit des Verfassers, das Fernhalten aller schwerfälligen Gelehrsamkeit und die geistige Beherrschung des umfangreichen Stoffes haben dem Werke einen Weltruf verschafft. Blackstone schrieb nicht in erster Linie für die Advokaten, sondern für das gebildete Publikum überhaupt. Ihm ist es infolgedessen zuerst gelungen, die englische Rechtswissenschaft aus ihrer Selbstisolierung heraus und auf das Niveau der allgemeinen Bildung zu heben. Der Rechtshistoriker mag seine geschichtlichen Ausführungen vom gegenwärtigen Standpunkt der Wissenschaft aus mitunter seicht und schief finden. Der in der Schule des römischen Rechts erzogene Jurist wird umsonst nach strenger Systematik suchen. Der Anhänger legislativer Umgestaltung des englischen Rechts, wie sie nachmals Blackstones Schüler Bentham verfocht, tadelt von seinem Standpunkte aus nicht ohne Grund des Meisters Mangel an reformatorischen Gedanken und sein starres Festhalten am überlieferten Rechte. Dennoch kann man dreist behaupten, daß keines der modernen Rechte eine derartig abgerundete Gesamtdarstellung aufzuweisen hat, wie sie das englische in Blackstone besitzt. Für das Ausland ist dieser geradezu Repräsentant der englischen Jurisprudenz geworden. Hauptsächlich aus ihm schöpfte der Kontinent die Kenntnis des englischen Rechts. In Amerika gilt er als Depositorium des Common Law. In England fußt das

Studium des Rechts noch jetzt hauptsächlich auf den Commentaries. Das Werk hat daselbst mehr als 20 Auflagen erlebt. Anfangs suchte man den eintretenden Änderungen des Rechtszustandes durch Noten, Ergänzungen und Berichtigungen zu Blackstone gerecht zu werden. Dies geschah namentlich durch Christian, der die 12.—15. Ausgabe besorgte. Allein die tiefgreifenden Neuerungen der Gesetzgebung nach 1815 machten es notwendig, den Text der Commentaries selbst umzuarbeiten. Die hervorragendste dieser Bearbeitungen ist die von Stephen, dessen New Commentaries on the Laws of England (partly founded on Blackstone) am besten geeignet sind, einen Überblick über den gegenwärtigen Rechtszustand Englands zu verschaffen; 15. Ausgabe 1908. Der ursprüngliche Text Blackstones wurde zuletzt von Robert Malcolm Kerr herausgegeben (4 vols. 4. ed. 1876). Von den Auszügen aus Blackstone ist zu erwähnen der von Foss unter dem Namen John Gifford 1820 herausgegebene, welchen Colditz ins Deutsche übersetzte (Schleswig 1822), ein Blackstone abridged and adapted to the existing Law by Samuel Warren, 2. ed. 1856 und Kerrs öfter aufgelegter Student's Blackstone (10. Aufl. 1887). Außer den Commentaries schrieb Blackstone noch eine Anzahl kleinerer Abhandlungen, welche gesammelt als Tracts, chiefly relating to the Antiquities and Laws of England erschienen (in dritter Auflage, Oxford 1771), darunter eine Analysis of the Laws of England, ein Essay on collateral consanguinity, Considerations on copyholders, eine Einleitung in die Magna Charta. Auch verfaßte er Reports (mit Zusätzen herausgegeben von Elseley, 1827), welchen aber vorgeworfen wird, daß sie nicht vollständig genau seien. Vgl. über Blackstone den Artikel von Marquardsen in Bluntschli-Braters Staatswörterbuch II 157. Wilson, History of modern English Law, 1875 wird ihm wenig gerecht. Auf Blackstone fußen Kent-Holmes, Commentaries on American Law, 14. Auflage 1896.

Die Zeit der unbestrittenen Vorherrschaft des Common Law ging in England im vorigen Jahrhundert zu Ende. Zwar ist der völlige Bruch mit der Vergangenheit, wie ihn die naturrechtlichen Theorien Benthams und Austins über den radikalen Beruf des Gesetzgebers verlangten, wohlweislich vermieden worden. Doch waren tiefgreifende Neuerungen zur unabweislichen Notwendigkeit geworden. Der Kodifikationsgedanke, der schon im sechzehnten Jahrhundert aufgetaucht war, nahm greifbare Gestalt an, als man sich veranlaßt sah, für einzelne Materien, namentlich des Straf- und Prozeßrechts, die Statuten zu konsolidieren und zugleich im Wege der Gesetzgebung umfassende Reformen durchzuführen. Die Bedeutung der Statuten als Rechtsquelle ist dadurch im Verhältnis zum Common Law erheblich gestiegen. Die große Organisation der Gerichtsverfassung, wie sie durch die Supreme Court of Judicature Act von 1873 eingeleitet worden ist, lenkte die Entwicklung des englischen Rechtes in völlig neue Bahnen. An die Stelle der verschiedenen Reichsgerichte trat ein einheitliches oberstes Reichsgericht. Mit der Umwandlung des Court of Chancery, der eine der Abteilungen (Divisions) des High Court of Justice wurde, ist auch dem von alters her überlieferten Gegensatz von Common Law und Equity die Spitze abgebrochen und die Überleitung des Equity-Rechtes in das Common Law ermöglicht worden [1].

Das englische Recht ist mit der Ausdehnung des Reichsgebietes im wesentlichen auch auf die Nebenlande, insbesondere auf Wales und Irland, ausgedehnt worden. Eine etwas andere Stellung nimmt das Recht Schottlands ein. Hier hatte in anglonormannischer Zeit, insbesondere seit Heinrich II. eine ziemlich weitgehende Rezeption englischen Rechts stattgefunden. Englische Statuten und Writs gelangten in Schottland zur Geltung. Doch ging seit Eduard III. die Fortbildung des schottischen Rechts

---

[1] Über das neuere Gerichtswesen Englands siehe E. Schuster, Die bürgerliche Rechtspflege in England 1887.

eigene Wege, so daß es in vielen Punkten vom englischen Common Law abweicht. Da das Quellenmaterial für jedes einzelne Land fast ebenso umfassend als das für Altengland selbst ist, möge hier ein Hinweis auf die Angaben bei Stephen-Blackstone, New Commentaries und bei Gundermann, Englisches Privatrecht I 109 genügen.

Literatur: Von J. Reeves, History of the English Law behandeln ein Teil des 2. Bandes und Band 3—5, die diesem Abschnitte zufallende Periode bis Elisabeth einschließlich. Crabb wird für die Zeit, wo Reeves endigt, sehr summarisch. Über die neueste englische Rechtsentwicklung handelt Wilson, History of modern English Law 1875, ein eifriger Vertreter radikaler Modernisierung des englischen Rechts durch die Gesetzgebung (des „Benthamianismus"), welcher das Common Law und das neueste Recht in ihren Grundzügen gegenüberstellt. Über die juristischen Schriftsteller, die zugleich Richter waren, findet man eingehende Notizen bei Edw. Foss, The Judges of England with sketches of their lives, 9 Bde. bis 1864 und in dessen Biographia Juridica, a biographical Dictionary of the Judges of England 1066—1870, 1870. Zur ersten Orientierung bediene man sich des Dictionary of National Biography, wo genaue Daten und beste Literatur zu finden sind. — Holmes, The Common Law, Boston 1881, liefert eine sehr beachtenswerte Darstellung straf- und privatrechtlicher Institutionen des Common Law und ihrer historischen Grundlagen. Einen trefflichen Überblick über das englische Privatrecht bietet mit rechtsgeschichtlicher Fundierung Ernst Heymann in Holtzendorff-Kohlers Enzyklopädie, 6. Aufl., I (1904), S. 795. Zur ersten Einführung dient Sir Fr. Pollock, A first Book of Jurisprudence for Students of the Common Law 1896 (in 2. Aufl. 1904).

Anhang.
Die Quellen des normannischen Rechts.

Die normannische Rechtsgeschichte zerfällt in drei Abschnitte. Der erste reicht von 912 bis zur Eroberung Englands 1066, der zweite von 1066 bis zur Vereinigung mit Frankreich 1205, der dritte von 1205 bis zur offiziellen Redaktion der Coutume von 1583. Von da an verliert die Normandie ihre rechtsgeschichtliche Bedeutung. Diese liegt aber in der Doppelstellung ihrer Quellen zu denen des französischen Rechts einerseits, mit dem sie die deutschrechtliche Grundlage gemeinsam haben, und zu denen des englischen Rechts andererseits, das aus dem normannischen Rechte die wichtigsten Elemente seiner eigentümlichen Bildungen schöpfte.

I. Die Zeit von 912—1066.

Als durch den Vertrag von Saint Clair sur l'Epte 912 ein Teil von Neustrien pro tutela regni von Karl dem Einfältigen an die Normannen abgetreten wurde, haben diese daselbst keine neue Staats- und Rechtsordnung eingeführt. Die fränkischen Institutionen blieben bestehen und wurden hier zum Teil lebenskräftiger erhalten und fortgebildet, als dies sonst im westfränkischen Reiche der Fall war. Altdänisches oder nordisches Recht hat die Rechtsentwicklung der Normandie jedenfalls nur in sehr geringem Maße beeinflußt. Mit voller Sicherheit sind darin skandinavische Einrichtungen bisher kaum nachgewiesen worden. Andrerseits finden sich sehr vereinzelte Rechtsausdrücke nordischer Herkunft und ist wenigstens eine mittelbare Einwirkung insofern zuzugeben, als der Einfluß der vorhandenen germanischen Rechtselemente auf die Fortbildung des neustrischen Rechts durch die skandinavische Ansiedlung eine erhebliche Stärkung erfuhr. Für das zehnte und elfte Jahrhundert ist das Land nicht bloß arm an eigentlichen Rechtsquellen — das ist auch anderwärts der Fall —, sondern es gebricht namentlich auch an Urkunden. Ein Bild der Rechtszustände dieser Zeit wird daher nur in sehr allgemeinen Umrissen gezeichnet werden können. Doch genügen die spärlichen Anhaltspunkte der Quellen in Verbindung mit Rückschlüssen aus jüngeren Rechtsdenkmälern, um die Tatsache festzustellen, daß das fränkische Recht in seinen wesentlichen Punkten erhalten blieb.

II. Die Zeit von 1066—1205.

Heller wird die Rechtsgeschichte der Normandie seit Wilhelm dem Eroberer. Über die Rechte, die in seiner Zeit dem normannischen Herzog zustanden, belehrt uns ein Weistum, das am 18. Juli 1091 unter seinen Söhnen Robert und Wilhelm dem Roten zu Caen von normannischen Bischöfen und Baronen abgegeben wurde. Es ist uns in einer Rechtsaufzeichnung überliefert, die mit den Worten beginnt; Hec sunt consuetudines et iusticia, quas habet dux Normannie in eadem provincia. Der Schwerpunkt des Weistums liegt in den Rechten, die der Herzog zum Schutze des Landfriedens ausübt. Denn es handelt insbesondere von dem Sonderfrieden der herzoglichen Pfalz (curia), des Pfalzwegs (via curie), vom Heerfrieden und von dem Frieden des Heerwegs, vom Haus- und Mühlenfrieden, vom Frieden der Kaufleute und peregrini, vom Burgenbau, von Beschränkungen des Fehderechts, vom Verbot der Heimsuchung (hamfare), der Brandstiftung, des Frauenraubs und der außergerichtlichen Pfandnahme, von Münze und Münzrecht. Die Jurisdiktion des Herzogs wird von der in einzelnen Straffällen konkurrierenden Gerichtsbarkeit der Barone geschieden. In scharfer Ausprägung begegnet uns der dem fränkischen Königsrecht entstammende Begriff der misericordia ducis, abgestuft nach Verwirkung der Fahrhabe, der Liegenschaften und von Leib und Leben, der nachmals in den Amerciaments des normannischen und des anglonormannischen Rechtes eine so erhebliche Rolle spielt. Nach der Eroberung Englands wurde normannisches Recht dahin verpflanzt und daselbst früher aufgezeichnet und schriftstellerisch verarbeitet als dies in seiner Heimat der Fall war. Wie in England die curia regis erscheint in der Normandie die curia ducis, eine Nachahmung und Fortbildung des fränkischen Königsgerichtes, als der Ausgangspunkt für die wichtigsten Neuerungen im Rechte. Unter Heinrich II. taucht für dieselbe in der Normandie der Ausdruck Scaccarium (Échiquier) auf, welcher sich schon früher in England findet. Doch ist an dem normannischen Ursprunge der Institution nicht zu zweifeln, zumal sie sich in der ersten Hälfte des zwölften Jahrhunderts als normannische Einrichtung auch in Sizilien nachweisen läßt [1]. Das Échiquier fungierte als Gerichtshof und als Rechnungshof. Seit Heinrich I. findet sich unter den Mitgliedern des Scaccarium eine Scheidung von Barones schlechtweg und Iusticiarii. Letztere, rechts- und geschäftskundige Männer, welche der König ernannte, gewannen bald das Übergewicht. Es bildete sich so ein Juristenstand, dessen Tätigkeit zur Ausbildung einer konstanten Praxis und einer feineren Jurisprudenz mächtig beitragen mußte. Ebenso wurde das Scaccarium eine Schule von tüchtigen Verwaltungsbeamten, deren Werk es ist, daß die Normannen zuerst in den Besitz eines ausgebildeten Rechnungswesens gelangten. Die Rechnungsabschlüsse des Échiquier sind uns in den **Magni Rotuli Scaccarii** erhalten. Wir besitzen vollständige Rollen oder doch Fragmente aus den Jahren 1180, 1184, 1195, 1198, 1201 und 1203. Die eingehende Spezialisierung der Einnahmen und Ausgaben eröffnet uns bei dem nutzbaren Charakter, den die Rechtspflege jener Zeit hatte, einen klaren Einblick in das normannische Rechtsleben.

---

[1] Siehe Zeitschrift der Savigny-Stiftung für Rechtsgeschichte, germ. Abt. II 210 f.

Die Schatzrollen sind herausgegeben von Stapleton unter dem Titel: Magni Rotuli Scaccarii Normanniae sub regibus Angliae 2 Bde. 1840, 44, mit wertvollem Kommentar: „Observations on the Great Rolls of the Exchequer". Einen ziemlich flüchtigen Abdruck dieser Edition gaben Léchaudé d'Anisy und Charma in den Mémoires de la Société des Antiquaires de Normandie, Band 15 und 16. Ein Fragment des Rotulus von 1184 publizierte L. Delisle im 16. Bande der Mémoires mit trefflicher Erläuterung. Als eine solche kann für sämtliche Schatzrollen gelten die leider unvollendete Abhandlung des Genannten: Des revenus publics en Normandie au 12ième siècle in der Bibliothèque de l'école des chartes, Sér. II 5, Sér. III 1, 3.

Im Anschluß an den besonderen Rechtsgang des fränkischen Königsgerichtes hat die normannische curia ducis dessen amtsrechtliche Institutionen aufgenommen und weiter entwickelt. Während der Prozeß nach Volksrecht sich immer mehr und mehr zum Duellverfahren zuspitzte, gewährte die curia ducis ein Billigkeitsverfahren, welches durch herzogliches Breve eingeleitet wurde und, das Verfahren nach Volksrecht suspendierend, den Vorteil einer Beweisführung durch inquisitio gewährte. Zugleich wurde die fränkische inquisitio, indem sie eine festere formellere Ausgestaltung erhielt, zur Beweisjury fortgebildet und wurde mit deren Anwendung ein vom Streit über das Recht unabhängiger Besitzprozeß geschaffen. Eine herzogliche Satzung von spätestens 1152, die uns nicht überliefert ist, ordnete Form und Voraussetzungen der inquisitio oder recognitio [1], wie sie

---

[1] Die Regelung geschah durch eine herzogliche „assisia". In meiner „Entstehung der Schwurgerichte", S. 302, erschloß ich aus den Worten „secundum assisiam meam" in den Urkunden des Cartulars von Bayeux Nr. 24, 25, daß sie unter Heinrich II. 1150—1152 erfolgt sei. Der Herausgeber des Cartulars trat mir bei. Die Gegenausführungen Haskins, The early Norman Jury, American Historical Review VIII 618, 628, der in der „assisia mea" das praeceptum Herzog Gottfrieds Nr. 16 des Cartulars (Schwurgerichte, S. 265) erblickt, vermögen mich in diesem Punkte nicht zu überzeugen. Auf die Controverse näher einzugehen, ist hier nicht möglich.

im Echiquier und in den von den herzoglichen missi, iusticiarii itinerantes, abgehaltenen Gerichtssitzungen auf Grund eines Breve der herzoglichen Kanzlei durchgeführt werden konnte. Bei der Armut an Satzungen und sonstigen Rechtsaufzeichnungen fallen für die Kenntnis des älteren normannischen Rechtes die erhaltenen Urkunden, insbesondere die Gerichtsurkunden doppelt ins Gewicht. Eine Anzahl von Urkunden des zwölften Jahrhunderts hat Bigelow als Anhang seiner History of Procedure in England from the Norman Conquest 1880 in nicht gerade kritischer Weise abgedruckt. Siehe Zeitschrift der Savigny-Stiftung f. R.G. germ. Abt. II 205. Von den normannischen Kartularen, die nur zum Teil veröffentlicht sind, kommt durch die Fülle und Bedeutsamkeit älterer Urkunden, insbesondere in Betracht der Antiquus Cartularius ecclesiae Baiocensis (Livre noir) ed. Bourrienne I, 1902 (Société de l'Histoire de Normandie). Urkunden des elften Jahrhunderts (1030—1091) bietet das Cartulaire de la Sainte Trinité du Mont de Rouen ed. Deville (hinter Guérards Cartulaire de Saint Bertin abgedruckt) 1841.

III. Die Zeit von 1205—1583.

Als Philipp August die Normandie eroberte, ließ er den bestehenden Rechtszustand im wesentlichen unangetastet. Ausdrücklich wurde dem Lande die Erhaltung seiner Privilegien zugesichert. Dagegen läßt sich nicht erweisen, daß er ein großes Weistum über das normannische Recht veranlaßt und aufzuzeichnen befohlen habe, was von manchen behauptet wurde. Die Rechtsaufzeichnung, die man dafür hielt, hat einen andern Charakter. Die Statuta et consuetudines Normanniae, Établissements et Coutumes de Normandie, sind nämlich eine ziemlich lose Kompilation, welche nach Ausscheidung kleinerer Einschiebsel in zwei ursprünglich getrennte Hauptbestandteile zerfällt, die im wesentlichen dieselben Gegenstände behandeln. Der ältere, die von mir sogenannte Très ancienne Coutume de Normandie, ist eine Aufzeichnung über das normannische Recht, die ein unbekannter Jurist zum Teil mit ausgiebiger Benutzung und ungleichmäßiger Verarbeitung älterer Satzungen um die Wende des zwölften und des dreizehnten Jahrhunderts verfaßt hat[1]. Der zweite Teil, Tractatus de brevibus et recognitionibus, schildert einen offenbar jüngeren Rechtszustand; er wurde bald nach 1218 abgefaßt und enthält eine Darstellung des normannischen Rekognitionsverfahrens, welcher ein Weistum über die Rechte des Herzogs (iurea regalis) und zwei Konstitutionen Heinrichs I. und Richards vorangestellt sind. Von der ganzen Kompilation existiert ein lateinischer und ein französischer Text, von denen dieser 1248—1270 in der östlichen Normandie als Übersetzung entstanden ist. Außerdem sind uns Fragmente eines gekürzten Textes erhalten, der vermutlich auf eine verschollene Übersetzung in normannischem Dialekte zurückgeht. Eine kritische Ausgabe des lateinischen Textes lieferte mit durchlaufender Kapitelzählung (der Traktat beginnt mit Kapitel 66) unter dem meines Erachtens anfechtbaren Titel „Le très ancien Coutumier de Normandie" I, 1, Ernst Joseph Tardif, Coutumiers de Normandie 1881[2], der französischen Texte derselbe ebenda I, 2 1905 (Société de l'Histoire de Normandie). Ungenügend sind die Editionen des lateinischen Textes bei Warnkönig, Französische Staats- und Rechtsgeschichte II, Urkundenbuch, und des französischen Textes bei Marnier, Établissements et Coutumes, Assises et Arrêts de l'Échiquier de Normandie 1839.

Schon im zwölften Jahrhundert herrschte im normannischen Échiquier die Sitte über gerichtliche Akte amtliche Aufzeichnungen zu führen, sie inrotulieren zu lassen. Die uns erhaltenen fortlaufenden Originalregister beginnen erst mit dem Jahre 1336. Doch ist für das dreizehnte Jahrhundert die Existenz einer offiziellen Sammlung beglaubigt. Auf diese von dem Clerk und Richter Guillaume Acarin redi-

---

[1] Nach dem Tode König Richards I, 6. April 1199 und vor dem 9. Juni 1200 laut Tardif, Cout. de Norm. I, 1, p. 71 f.

[2] Vgl. Zeitschrift der Savigny-Stiftung für Rechtsgeschichte, germanist. Abt. III 226 f.

gierte Sammlung sind vier Privatsammlungen von Urteilen des Échiquier zurückzuführen, welche uns noch erhalten sind. L. Delisle hat aus diesen vier Kompilationen mit Zuziehung anderer Quellen für die Zeit von 1207 bis 1270 nicht weniger als 834 Urteile des Échiquier in seinem Recueil de Jugements de l'Échiquier de Normandie au 13ième siècle, Paris 1864, zusammengestellt. Von jenen Privatsammlungen ist eine im 15. Bande der Mémoires, eine bei Warnkönig a. a. O. und eine bei Marnier a. a. O. abgedruckt. Urteile von 1276 bis 1296 finden sich bei Warnkönig S. 120 ff.

Amtliche Registrierung der Urteile und gerichtlichen Akte fand auch in Gerichten der Baillis, der Vicomtes und in herrschaftlichen Gerichten statt. Doch sind uns von solchen Registern nur vereinzelte Spuren aus dem dreizehnten Jahrhundert erhalten. Das Ergebnis einer Privatarbeit sind die Assisiae Normanniae, Assises de Normandie, ein Auszug aus Urteilssprüchen, welche 1234—1237 in den Gerichtssitzungen (assises) von Caen, Bayeux, Falaise, Exmes und Avranches gefällt wurden. Nicht selten begnügt sich der Verfasser damit aus den Urteilen nur die relevanten Rechtsregeln mitzuteilen. Die Assisiae sind gedruckt von Léchaudé im 15. Bande der Mémoires und bei Warnkönig, in einer französischen Version bei Marnier.

Die ergiebigste und umfangreichste Quelle des normannischen Rechtes ist die Summa de legibus Normannie in curia laicali, früher meist als Grand Coutumier de Normandie bezeichnet. Sie ist uns in einem lateinischen Texte erhalten, der in den Handschriften sich auch unter dem Titel Jura et consuetudines (Normannie) oder Liber consuetudinis Normannie oder Cursus Normannie einführt, außerdem in französischer Prosa und in einem gereimten französischen Texte, der auf Grundlage des lateinischen Textes (nicht nach 1280) entstanden ist. Der lateinische Text ist der älteste. Er ist zwischen 1254 und 1258 abgefaßt worden, nicht vor 1254, weil er in c. 4 eine Ordonnanz Ludwigs des Heiligen vom Dezember 1254 hinsichtlich des Beamteneides benutzte, nicht nach 1258, weil die Ordonnanz über den Zweikampf von 1258, eine ordinatio de tabernagio cessando vom selben Jahre und eine Verordnung von 1258 über die Veranstaltung einer Enquête nach dem Tode einer des Wuchers verdächtigen Person [1] nicht berücksichtigt sind. Der ursprüngliche Text ist uns in keiner der 24 vorhandenen Handschriften überliefert. Am nächsten steht ihm eine Handschrift, die aus der Diözese Coutances stammt, und nicht ohne gute Gründe hat man neuestens die Vermutung ausgesprochen, daß das Rechtsbuch im Cotentin entstanden sei. Das Werk, welches sein Verfasser vermutlich nicht selbst vollenden konnte, reichte ursprünglich nur bis cap. 112, ist aber nachträglich nicht nur durch Zusätze (auf 125 Kapitel), sondern auch durch Einschiebungen erweitert worden. Den Verfasser kennen wir nicht. In den Akten einer Untersuchung, welche reisende Richter des Königs von England 1309 über das Recht der normannischen Kanalinseln Jersey und Guernesey durchzuführen hatten, erscheint der Name Maucael als der des Verfassers der Summa de legibus und wird diese ebenso wie in einer Bittschrift der Inselbewohner von 1232/3 als Summa de Maucael, Summa Maukael bezeichnet. Der Inhalt der Zusatzkapitel rechtfertigt die Vermutung, daß ein Maucael zu Valognes zwar nicht der Verfasser der Summa, aber der hervorragendste ihrer Fortsetzer und Bearbeiter war, der dem Werke die abschließende gangbare Form gegeben hat.

Die Summa de legibus ist nach ihrer ursprünglichen Anlage in Auffassung, Gruppierung und Behandlung des Stoffes ein durchaus originelles Werk, ein Werk wie aus einem Gusse, frei von kompilatorischer Mosaik, „das vollendetste Rechtsbuch, ebenso wissenschaftlich genau als praktisch zweckmäßig geschrieben" (Warnkönig). Eine Benutzung der Statuta et consuetudines, welche allgemein behauptet wurde, ist ebensowenig nachzuweisen als eine Nachahmung älterer englischer Rechtsbücher. Dagegen lassen einzelne Partien darauf schließen, daß der unbekannte Ver-

---

[1] Cap. 19, § 6 bis erweist sich durch die Ausgabe Tardifs als nachträglicher Zusatz.

fasser mit der Literatur über das fremde Recht vertraut war. Das Werk muß den praktischen Bedürfnissen jener Zeit in hohem Grade entsprochen haben, denn es wurde für Jahrhunderte die Grundlage der normannischen Rechtspflege und erlangte, obgleich Privatarbeit, in der Normandie gesetzesgleiche Autorität. Es enthalte, so glaubte man, die Gesetze und Gewohnheiten, welche schon vor Rollo in der Normandie galten und von Philipp August nach Erwerbung dieses Landes gesammelt und redigiert worden seien. Der Inhalt des Rechtsbuchs ist wegen der Altertümlichkeit seiner Bestimmungen eine reiche Fundgrube für die Aufhellung der englischen und der deutschen Rechtsgeschichte.

Gleich dem Sachsenspiegel wurde die Summa de legibus Normanniae mit einer Glosse versehen, die den Inhalt des Rechtsbuchs mit Hilfe des fremden Rechts zu beleuchten sucht. Die Zeit der Glossierung ist noch nicht bestimmt worden. Jedenfalls war die Glosse im fünfzehnten Jahrhundert bereits vorhanden. Die Mißverständnisse der Quelle und die ausdrücklichen Bemerkungen über die eingetretene Derogierung einzelner Rechtssätze lassen erkennen, daß das normannische Recht seit Abfassung der Summa sich in wesentlichen Punkten dem französischen genähert hat. Nicht auf dem Wege der Gesetzgebung, sondern durch das stille, aber nachhaltige Wirken der Verwaltung war diese Annäherung herbeigeführt worden. Franzosen präsidierten als königliche Kommissäre dem höchsten Gerichtshof des Landes. Die Institution der Grands Bailliages wurde auf die Normandie ausgedehnt. Ein Heer französischer Beamtenfamilien wanderte seit dem dreizehnten Jahrhundert in die Normandie und machte sich dort seßhaft. Zeitweilig wurden auch Prozesse mit Umgehung des Échiquier an das Pariser Parlament gezogen. Wenn auch der Provinzialgeist solchen Übergriffen wirksamen Widerstand entgegensetzte, so hat doch die Verwaltung der Rechtspflege im Verein mit der Lehre des fremden Rechts nicht nur die Fortbildung des einheimischen Rechts gehemmt, sondern dieses auch allmählich entnationalisiert.

Im Jahre 1534 wurde der Coutumier mit Nachträgen und Verweisungen auf das römische und kanonische Recht versehen. Sie stammen von dem Lizentiaten Guillaume le Rouillé d'Alençon, den man euphemistisch wohl auch den normannischen Coke genannt hat. Mitte des sechzehnten Jahrhunderts verfaßte Guillaume Terrien, Lieutenant général des Bailliage von Dieppe, seine Commentaires du droit civil tant public que privé observé au pays et duché de Normandie, die 1574 zuerst im Druck erschienen. Dieses Werk von Terrien und der alte Coutumier gelten noch jetzt als Grundlagen des Rechts für die Inseln Guernesey und Jersey und für die übrigen zu England gehörigen normannischen Inseln.

Die älteste bekannte Ausgabe des Grand Coutumier stammt vom Jahre 1483. Die letzte vor der Homologierung der Coutume datiert von 1578. Die Ausgaben seit 1534 enthalten in der Regel nebst der Glosse auch die Noten von Le Rouillé. Einen mangelhaften Abdruck des lateinischen Textes lieferte Ludewig im 7. Bande der Reliquiae manuscriptorum. Von den französischen Texten war der bei Bourdot de Richebourg, Coutumier général IV der zugänglichste. Für den praktischen Gebrauch auf den Kanalinseln veranstaltete eine neue Ausgabe der Vulgataform L. de Gruchy, L'ancienne Coutume de Normandie 1881. Eine treffliche kritische Edition des lateinischen Textes, die dringendes Bedürfnis war, gab uns Ernst Joseph Tardif im 2. Bande seiner Coutumiers de Normandie unter dem Titel Summa de legibus Normannie in curia laicali 1896. Über Verfasser und Entstehungsort handelt dessen Aufsatz: Les auteurs présumés du Grand Coutumier de Normandie in der Nouvelle Revue historique de droit français 1885, p. 155 ff. Er entwickelt darin Ansichten, die er zum Teil in der Einleitung zu seiner Ausgabe abgeändert oder abgeschwächt hat. Ein gereimter Coutumier steht bei Houard, Dictionnaire de la Cout. de Normandie IV. Über die älteren Drucke des Grand Coutumier handelt Éd. Frère, Manuel de Bibliographie Normande s. v. Coutumier, die Notice bibliographique bei Pannier, Les Ruines de la Coutume de Normandie 1856 und Tardif in seiner Ausgabe der Summa p. 235.

Die Königsurkunden des dreizehnten Jahrhunderts (bis 1285), welche die Normandie betreffen, bietet teils im Textabdruck, teils in Regesten Léopold Delisle's treffliches Cartulaire Normand de Philippe-Auguste, Louis VIII., Saint Louis et Philipp le Hardi 1852 (Mém. de la Société des Antiquaires de Normandie XVI).

Von älteren örtlichen Sonderrechtsquellen sind hervorzuheben: die Établissements de Rouen, betreffend die Kommunalverfassung von Rouen, 1169 verfaßt, 1204 endgültig redigiert, in den wichtigsten Städten des westlichen Frankreich rezipiert (so in La Rochelle, Bayonne, Poitiers, sogar in Tours), herausgegeben von Giry in zwei Bänden 1883 und 1885 (Bibl. de l'école des hautes études fasc. 55, 59); ferner der Coutumier de la Vicomté de l'Eau de Rouen, eine Sammlung handelsrechtlicher Gewohnheiten, deren ältester Bestandteil in das dreizehnte Jahrhundert zurückreicht, herausgegeben von Beaurepaire, De la Vicomté de l'Eau de Rouen et de ses coutumes au XIIIième et au XIVième siècle, Évreux 1856.

Gemeinnormannische Quelle ist eine Kompilation, herausgegeben unter dem Titel: Coutume, Style et Usage aux temps des échiquiers de Normandie, Caen 1847, und im 18. Bande der Mémoires de la Société des Antiquaires de Normandie. Die vorliegende Fassung stammt aus der ersten Hälfte des fünfzehnten Jahrhunderts. Die Arbeit beginnt mit bestimmtem Plan, der aber im weiteren Verlaufe der Darstellung verloren geht. Kap. 78 enthält das Seerecht von Oléron, Kap. 79 eine nach den Kapiteln des [Grand Coutumier geordnete Zusammenstellung von Urteilen und Verfügungen des Échiquier, meist aus dem Ende des vierzehnten Jahrhunderts.

Jünger als diese Quelle, jedoch älter als die Glosse zum Grand Coutumier, ist der Stille de proceder en pays de Normendie, welcher in den älteren Drucken des

Grand Coutumier einen regelmäßigen Anhang desselben bildet. Er ist mit nachträglichen Zusätzen und Interpolationen überladen und dürfte die Grundform seiner gegenwärtigen Gestalt erst in der zweiten Hälfte des fünfzehnten Jahrhunderts erhalten haben. Die französische Herrschaft ließ es von Anbeginn nicht an Maßregeln fehlen, die auf eine Entnationalisierung des normannischen Rechtes hinarbeiteten (siehe oben Seite 70). Der nachhaltige Widerstand der Bevölkerung errang zwar 1315 vom König Ludwig X. die Charte aux Normands, worin dieser die Aufrechthaltung der normannischen Freiheiten und Privilegien versprach. Aber trotzdem läßt sich seit dem Ende des dreizehnten Jahrhunderts eine allmähliche Zersetzung des normannischen, ein langsames Eindringen fremden Rechtes wahrnehmen, während zugleich das Verständnis des einheimischen Rechtes zusehends schwindet.

Als Heinrich III. durch die Verordnung von Blois, 22. März 1577, die Redaktion einer neuen normannischen Coutume[1] anbefahl, begründete er die Notwendigkeit der Reform u. a. damit, daß die alte Coutume, die in einem sehr alten Buche aufgezeichnet vorliege, unverständlich in Sprache und Ausdruck, größtenteils außer Gebrauch gekommen sei und von der Bevölkerung des Landes nur zum geringen Teile oder gar nicht mehr verstanden werde. Der Procès verbal über die Reformierung der Coutume rechtfertigt jene Begründung in vollem Maße, er zeigt, daß das Verständnis des alten normannischen Rechts den Verständigsten bereits abhanden gekommen war. Die wichtigsten Einrichtungen, welchen das normannische Recht seine geschichtliche Bedeutung verdankt, fielen der offiziellen Redaktion zum Opfer, u. a. die Jury, soweit die Normandie sie ausgebildet hatte; auch sie gehörte bereits zu den Einrichtungen „hors d'usage et peu ou point entendus des habitans du pays". Seit dem 1. Juli 1583, dem Tage, an

---

[1] Die zugänglichste Ausgabe steht bei Bourdot de Richebourg, Coutumier général IV 59 ff.

welchem die neue Redaktion, als eine der jüngsten von den offiziell redigierten Coutumes, in Kraft trat, war die Normandie eine Provinz des französischen Rechtes, ihr Sonderrecht eine der verschiedenen französischen Coutumes.

Literatur. Eine zusammenfassende Bearbeitung der normannischen Rechtsgeschichte, so reizvoll sie wäre, ist niemals versucht worden. Es fehlen aber auch die Vorarbeiten, die einen solchen Versuch als möglich erscheinen ließen. Das umfangreichste Material bieten die Werke eines älteren Autors, des Parlamentsadvokaten Houard, der in seinen Anciennes Loix des Français conservées dans les Coutumes Angloises, Rouen 1766, im Dictionnaire analytique, historique, étymologique, critique et interprétatif de la Coutume de Normandie, Rouen 1780, und in den Traités sur les Coutumes Anglo-Normandes, Rouen 1776, vielfach auf die Geschichte des älteren normannischen Rechts Bezug nimmt. Mit tiefer innerer Überzeugung, aber mit sehr seichter Kritik verteidigt Houard den Zusammenhang des altfranzösischen, normannischen und englischen Rechts, der von seinen Nachfolgern häufig mit Unrecht ignoriert wurde. Durchaus unkritisch ist der Abschnitt über die normannischen Coutumes bei Laferrière, Histoire du droit français V 802 ff.

Von Monographien ist außer den angeführten Arbeiten von Stapleton und Delisle in Betracht zu ziehen: Madox, History and Antiquities of the Exchequer of the Kings of Eng-1711 und 1769, der vielfach auch auf das normannische Schatzamt eingeht, und Floquet, Histoire du parlement de Normandie, 1840, ein Werk, das die juristische Ausbeute nicht gewährt, die man zu erwarten berechtigt wäre. Ein anschauliches Bild der wirtschaftlichen Zustände gibt mit vielfacher Bezugnahme auf die rechtlichen Verhältnisse das gründliche und großenteils aus ungedruckten Quellen gearbeitete Werk von L. Delisle, Études sur la condition de la classe agricole et l'état de l'agriculture en Normandie au moyen âge, Evreux 1851, publié par la Société libre de l'Eure.

Eine Spezialuntersuchung über die älteren Coutumes der Normandie gab ich in dem Exkurse zu meiner Abhandlung: Das anglonormannische Erbfolgesystem 1869. Über den Entwicklungsgang des normannischen Rechtes handelt meine Entstehung der Schwurgerichte 1871, S. 127 ff. Über das normannische Gerichtswesen existieren kleinere Abhandlungen von De la Rue, Morinière, Couppey und Rathery, die in Zeitschriften zerstreut sind. Aus neuester Zeit sind zu nennen: Charles H. Haskins, The early Norman Jury, American Historical Review VIII 613 ff.

Derselbe: Knight-Service in Normandy in the eleventh century, English Historical Review, Oktober 1907. — Le Poittevin, Des droits de la fille ou du mariage avenant dans la coutume de Normandie, Nouvelle Revue historique de droit français, 1889, p. 257, 562, 636. Lagouëlle, La conception juridique de la propriété foncière dans le très ancien droit Normand 1902.

Zur Rechtsgeschichte der normannischen Kanalinseln siehe Havet, Les Cours royales dans les îles normandes (mit pièces justificatives), Bibliothèque de l'école des chartes 1877, 1878, und L. de Gruchy in seiner Ausgabe der Ancienne Coutume de Normandie.

Über die Streitfrage, betreffend das Verhältnis des normannischen Rechts zu den skandinavischen Rechten handeln: Steenstrup, Normannerne, I, Inledning i Normannertiden, 1876; v. Amira, Die Anfänge des normannischen Rechts, in v. Sybels historischer Zeitschrift, N. F., III 241 und v. Brünneck, Siciliens mittelalterliche Stadtrechte 1881, p. 33 ff. Vgl. Brissaud, Cours d'histoire générale du droit français II (1904), p. 1676.

MIX
Papier aus verantwortungsvollen Quellen
Paper from responsible sources
FSC® C105338

Printed by Libri Plureos GmbH
in Hamburg, Germany